Protéger la famille

Tout Changement Positif Dans Le Monde Commence À La Maison

Colbert Courtois

Copyright © 2023 Colbert Courtois.
Tous droits réservés.

Aucune partie de cette publication ne peut être reproduite, stockée dans un système électronique d'extraction, ni transmise, sous quelque forme que ce soit, ni par aucun procédé électronique ou mécanique, y compris la photocopie, l'enregistrement ou autrement, sans le consentement écrit préalable de l'éditeur.

Fabriqué aux États-Unis d'Amérique

DÉDICACE

Je suis tellement reconnaissant au Créateur de la vie, mon concepteur, que je lui dédie ce livre. Je crois fermement que celui-ci est une boussole pour toutes les familles de la terre. Dieu ouvrira le cœur des humains et changera leurs vies à travers ce livre. Que tous ceux qui le lisent aient une nouvelle conception de la vie et des valeurs familiales. Nous sommes la lumière du monde. Nous brillons de mille feux. Puisque nous sommes le sel de la terre, nous pouvons inspirer des millions de personnes.

À tous les précieux enfants du monde dont le potentiel d'apprentissage et de développement leur permettra de faire une différence positive dans le monde.

À tous les jeunes parents dont les enfants sont un don précieux de Dieu. Alors, aimez-les et élevez-les selon la Parole de Dieu.

À ma précieuse fille. Que notre Père Dieu nous aide à vivre pour lui et à pratiquer sa Parole.

À mes pasteurs, mes amis, et tous ceux qui m'inspirent tout au long de ma vie.

À toutes les familles du monde entier.

REMERCIEMENTS

Tout d'abord, je remercie Dieu de m'avoir créé et de m'avoir donné des connaissances révélées pour écrire ce livre. Merci à chaque personne qui m'a aidé dès le début à publier ce dernier. Nul ne peut réussir sa vie sans l'aide d'autrui.

Et enfin un grand merci à :

Ma belle et précieuse fille, Hannah Vashni Courtois (Grace), qui est une enfant du Dieu Très-Haut : Merci, Hannah, de m'avoir incité à penser à tous les enfants précieux du monde.

Elianne Courtois, ma mère courageuse, qui a un cœur d'or, qui prend soin de ses enfants, et qui prie pour nous.

Mercier Luxone, le pasteur Ken Leleux, le pasteur Gregory Georges, et Barras, qui m'ont aidé à fréquenter le Texas Bible Institute, et tous mes amis dans le monde.

Mes frères et sœurs bien-aimés, Oderson Courtois, Hérold Courtois et Nadège Courtois ; ma tante et amie

Odette Courtois Bernabé, tous mes autres oncles, tantes, cousins et demi-frères et sœurs.

Le pasteur Artie Kassimis, qui m'inspire et m'accorde son soutien infaillible en me disant d'aller de l'avant avec ma vision.

Tous mes professeurs haïtiens, américains et canadiens, qui m'ont transmis tout ce dont j'avais besoin pour écrire ce livre.

Mes étudiants en Haïti, aux États-Unis, ainsi que ceux qui vivent actuellement dans le monde entier. Et à la famille d'Italien, à la famille de Thomas, à la famille d'Honorat, à celle de Louis Jacques, et à celle de Wagner.

Tout le personnel et les membres de Loving Heart for Haiti, tous les frères et sœurs de Word Alive Bible Church.

CONTENU

PREMIÈRE PARTIE : VOUS 1

   Qu'est-ce que la vie ? 3

   Pourquoi Dieu nous a-t-il créés ? 7

   Découvrez-vous 11

   Amitiés 47

DEUXIÈME PARTIE : VOTRE FAMILLE 61

   Qu'est-ce que le mariage ? 63

   Élever des enfants pieux 89

TROISIÈME PARTIE : VOTRE COLLECTIVITÉ ... 107

   Comment choisir une bonne Église ? 109

   L'effet des réseaux sociaux 113

   Conclusion 125

   Le plan du Salut 131

PREMIÈRE PARTIE : VOUS

QU'EST-CE QUE LA VIE ?

Tout d'abord, la vie est Dieu, elle vient de Lui. Il en est le créateur. Donc, la vie est sacrée et importante. Elle a un sens. Pour assurer la survie terrestre et éternelle de l'humanité - et donc de la famille - il est crucial de comprendre l'importance de la vie. Dieu a formé Adam à partir de la poussière du sol et a insufflé dans ses narines le souffle de la vie. Chaque nouvelle créature, qu'il s'agisse d'un nouveau-né humain, d'un chiot ou d'une araignée, est un produit de Dieu. En tant que disciples du Christ, nous devons aimer, respecter et protéger la vie.

La vie humaine a commencé avec Adam. Celui-ci et Ève ont désobéi à Dieu et ont commencé à pécher, mais Dieu avait déjà prévu de nous donner la vie éternelle par son Fils unique, Jésus. Quiconque croit en Jésus aura la vie éternelle. J'ai déjà présenté ma fille au Christ, car cela dépendait de ma responsabilité.

La vie éternelle est la vie sans fin, ou l'existence éternelle. La vie éternelle est promise aux croyants lors de leur conversion au Christ, laquelle a été confirmée par l'apparition de Moïse et d'Élie à Jésus et aux trois disciples. Par sa résurrection, le Christ est devenu les prémices de la vie éternelle pour tous les croyants. Cette dernière représente la victoire finale de l'homme sur le péché et la mort.

Après la mort de Moïse, le serviteur du Seigneur, Dieu a choisi un nouveau chef pour le peuple d'Israël. Il a appelé Josué pour le diriger. Moïse était auparavant le porte-parole de Dieu, mais Celui-ci a ordonné à Josué de suivre la loi que Moïse avait écrite. «Fortifie-toi seulement et aie bon courage, en agissant fidèlement selon toute la loi que Moïse, mon serviteur, t'a prescrite ; ne t'en détourne ni à droite ni à gauche, afin de réussir dans tout ce que tu entreprendras.» (Josué 1 :7)

Selon Jean 3:16 : «Car Dieu a tant aimé le monde qu'il a donné son Fils unique, afin que quiconque croit en lui ne périsse pas, mais qu'il ait la vie éternelle.»

Jésus a dit : «Le voleur ne vient que pour dérober, tuer et détruire. Moi, je suis venu pour que les humains aient la vie, et qu'ils l'aient en abondance.» (Jean 10 : 10)

Contrairement au voleur, le Seigneur Jésus ne vient pas pour des raisons égoïstes. Il vient pour donner et non pour recevoir. Il vient pour que les gens aient en Lui une vie sensée, orientable, joyeuse et éternelle.

Alléluia ! Louez le Seigneur ! Merci Jésus !

Dieu a créé les humains pour qu'ils puissent dominer la terre, Le servir, faire Sa volonté et accomplir leur destinée divine. En tant que ses représentants, il y a trois choses que nous devons avoir : la sagesse, la connaissance et l'intelligence.

Jacques 1 :5 dit : «Si quelqu'un d'entre vous manque de sagesse, qu'il la demande à Dieu, qui donne à tous simplement et sans reproche, et elle lui sera donnée.» Nous ne sommes pas parfaits, nous prenons parfois de mauvaises décisions, mais nous devons en tirer des leçons. Vous prendrez des décisions, alors demandez à Dieu de vous donner la sagesse, priez avant de prendre toute décision.

Il y a un proverbe populaire qui dit que la connaissance est le pouvoir, mais j'aime dire que la connaissance de Dieu est plus puissante que la force physique et qu'aucun grand travail ne peut être fait sans elle. La connaissance est un facteur puissant qui permet aux gens d'obtenir de grands résultats. Plus une personne acquiert de connaissances, plus elle devient puissante.

Nous devons être capables de comprendre ce qui se passe autour de nous, dans le monde. Comprendre les autres, c'est être prêt à faire preuve de bonté, la meilleure façon de les aider. Par exemple, les gens attendent de leur médecin qu'il les comprenne. Dieu veut que nous comprenions la Bible, afin que nous puissions la mettre en pratique.

La sagesse et la connaissance sont les clés de la compréhension. Pour être des citoyens productifs et pour accomplir notre destinée divine, nous avons besoin de sagesse, de connaissance et de compréhension de Dieu.

POURQUOI DIEU NOUS A-T-IL CRÉÉS ?

Dieu sait tout. Il n'agit pas sans raison. Il veut avoir une relation avec nous. Il a appelé Jésus et le Saint-Esprit pour nous créer à Son image afin que nous Lui ressemblions. Dieu nous a créés dans un but précis. Il nous a créés pour que nous L'aimions de tout notre cœur, de tout notre esprit et de toute notre intelligence. Il y a cinq questions importantes à se poser : 1. Qui suis-je ? 2. D'où est-ce que je viens ? 3. Pourquoi suis-je ici ? 4. Qu'est-ce que je peux faire ? 5.Où vais-je aller ? Dieu veut que nous acceptions Son amour, que nous vivions pour Lui, que nous L'adorions et que nous amenions des gens vers Son royaume. Dieu veut vivre en nous, mais nous devons Lui faire de la place. Croyez en Dieu, obéissez-Lui, suivez-Le. Il vous donnera la sagesse de prendre la bonne décision dans votre vie, pour votre famille, pour votre église, pour votre entreprise, pour votre communauté et pour votre nation.

Dieu veut que nous Le servions avec passion. Il veut que nous Le connaissions personnellement.

Dieu nous a créés pour nous aimer les uns les autres. Il veut que nous apprenions à vivre ensemble. À nous entraider. Dieu veut que nous soyons forts, car il y aura toujours des problèmes dans ce monde. Ne demandez pas à Dieu de les éliminer, mais demandez-Lui la force de les affronter. Vous aurez des défis à relever, alors soyez équipés de la Parole de Dieu. Dieu nous a créés parce qu'Il nous aime et veut que nous ayons une intimité avec Lui. Dieu nous a créés pour Sa gloire. Il veut que nous soyons en communion avec Lui. Il nous a créés pour être féconds, pour nous multiplier, pour reconstituer la terre et pour dominer sur toutes les créations.

Dieu nous a créés pour avoir des énergies spirituelles spéciales et Il peut les transférer aux personnes qui sont prêtes à les recevoir. Lorsque Jean le Baptiste baptisait Jésus, il était plein d'énergie et aimé. Dieu a fait une déclaration puissante en disant : «Celui-ci est mon Fils que j'aime. ż Après le baptême, Jésus a médité pendant 40 jours et nuits dans le désert, puis Il a atteint l'illumination. Nous devons prier, étudier pour vivre en parfaite harmonie avec Dieu. Il veut que nous accomplissions notre destinée divine. Il nous a créés parce que c'était bon. Il nous a créés pour nous bénir. Jean le Baptiste était un homme fascinant. Il se nourrissait de sauterelles et de miel dans le désert. Les foules venaient à lui, mais il leur disait constamment qu'il n'était rien alors que le Messie à venir était tout. C'était un personnage inhabituel, c'est certain. Mais, chose incroyable, Jésus-Christ l'a appelé le plus grand des hommes (Matthieu 11 :11). L'histoire de la naissance de celui qui sera connu sous le nom de Jean le Baptiste donne des signes de la grandeur à venir. Dieu a accompli un miracle et a mis Jean au monde dans un but particulier !

Nous avons été créés pour être de bons bergers, pour chercher ceux qui sont perdus, pour les nourrir spirituellement et pour faire des disciples dans le monde entier. La principale raison pour laquelle Dieu nous a créés, c'est pour être avec Lui pour toujours. C'est pourquoi Jésus a préparé une place pour nous. Quand Il aura fini ce travail, Il viendra nous chercher pour régner avec Lui pour toujours. Posez-vous ces deux questions : Pourquoi Dieu m'a-t-Il créé ? Pourquoi Dieu a-t-Il tout créé avant de créer Adam et Ève ?

Dieu veut que nous soyons plus proches de Lui, que nous apprenions à Le connaître en lisant Sa Parole, en croyant Sa Parole, en priant avec Sa Parole, en chantant Sa Parole, en aimant Sa Parole, en obéissant à Sa Parole, en méditant Sa Parole, en vivant Sa Parole, en pratiquant Sa Parole, en partageant Sa Parole, en prêchant Sa Parole, en Le louant et en L'adorant.

Pour les chrétiens, la Bible est une arme. Nous ne pouvons pas connaître Dieu, Sa volonté ou la voie du salut sans la Bible, et nous avons donc besoin des Écritures pour vivre une vie vraiment bonne. Nous avons besoin des Écritures pour vivre éternellement. «Seigneur, à qui irions-nous? Tu as les paroles de la vie éternelle.» (Jean 6:68)

Nous avons besoin de sagesse pour prendre de bonnes décisions dans notre vie. La sagesse de Dieu se trouve dans Sa Parole. Ainsi, la Parole de Dieu est nécessaire pour vivre sur terre et dans l'éternité.

DÉCOUVREZ-VOUS

Qui suis-je? Avez-vous découvert à quel point votre vie en Christ est censée être extraordinaire? Je suis complet en Dieu. Je suis vivant avec le Christ. Je suis né de Dieu. Je suis saint et irréprochable devant Lui en amour. Je suis un ambassadeur du Christ. Donc, je dois vivre une vie qui plaît à Dieu sur terre. Lorsque vous découvrez qui vous êtes en Christ, vous Lui obéirez, vous ferez de bonnes choses, vous produirez de bons fruits, vous marcherez dans l'amour. Tu soumettras humblement ta vie à Dieu et tu le laisseras te transformer pour son dessein.

D'où je viens? Je viens de Dieu, j'ai Son esprit en moi, je suis conduit par Son esprit, je suis enseigné par Son esprit.

Que puis-je faire? Je peux tout faire par le Christ qui me fortifie. Je peux être un enseignant, un médecin, un policier, un écrivain, un chanteur. Vous avez en vous le potentiel de faire plus que ce que vous faites actuellement. Vous pouvez changer la vie de quelqu'un, de beaucoup de gens. Je peux changer une nation. Tout ce que vous pouvez faire, faites-le bien, faites-le avec amour.

Pourquoi suis-je ici ?

Je suis ici pour une raison. Dieu a un but dans ma vie, dans votre vie. Je suis ici pour apprendre, pour grandir, pour avoir un impact dans le monde, pour partager mes connaissances, pour inspirer les autres. Laissez-moi prendre un exemple : les pasteurs Tommy et Rachel Burchfield ont dirigé l'école biblique que j'ai fréquentée au Texas, ils ont changé la vie de millions de personnes, dont je fais partie. Dieu sait pourquoi ils sont là. J'ai aidé plus de mille de personnes en Haïti par l'éducation. Donc, Dieu sait pourquoi je suis ici.

Où vais-je aller ?

Là où vous voulez aller. Vous devez connaître en détail l'endroit, vous devez savoir pourquoi vous allez à cet endroit, quel est l'avantage ? Ensuite, vous devez vous préparer ; lorsque vous serez prêt, vous aurez besoin d'indications. Je vais plus haut dans tous les aspects de ma vie. Il y aura des découragements et des obstacles, mais je sais où je vais. Lorsque j'étais à l'université en Haïti, je savais que j'allais poursuivre mes études en Amérique. Alors, je me suis préparé, et me voilà aujourd'hui. C'est bien de savoir où je vais, mais ma destination finale est le Ciel.

C'est à vous de créer l'avenir

«L'Éternel m'adressa la parole, et Il dit : écris la prophétie : grave-la sur des tables, afin qu'on la lise couramment» (Habacuc 2:2).

"Car je connais les projets que j'ai formés sur vous, dit l'Éternel, projets de paix et non de malheur, afin de vous donner un avenir et de l'espérance»
(Jérémie 29:11).

Vous devez avoir un plan pour votre vie, pour votre famille et pour votre communauté. Vous pouvez planifier d'élever des enfants pieux. Prévoyez d'envoyer vos enfants dans de bonnes écoles. Il est essentiel d'avoir un plan financier pour votre famille. Un bon plan est toujours accompagné d'actions, de connaissances, de ressources et de stratégies.

De nombreuses personnes n'ont pas de buts personnels. Elles luttent et vivent sans but. Leur vie est mal orientée. Si vous ne cherchez rien, vous n'atteindrez pas vos objectifs personnels. Dieu veut que vous et moi nous élevions et fassions de grandes choses tout le temps. Une bonne stratégie d'action entraînera des changements. Soyez au sommet. La visualisation est la clé du succès. Vous devez savoir où vous allez. Votre vie actuelle ne reflète pas qui vous êtes vraiment ou ce que vous pouvez faire. Beaucoup de gens vivent leur vie sans avoir d'ambitions personnelles. Dieu a des plans formidables pour vous et personne d'autre ne peut les réaliser. Dieu enjambera un million de personnes pour vous atteindre et vous bénir si vous lui obéissez. Ce que vous pouvez accomplir en soixante ans, Dieu peut le faire en un jour selon sa volonté.

Le grand danger pour la plupart d'entre nous ne consiste pas à viser trop haut et à ne pas atteindre leur but, mais à viser trop bas et à ne pas atteindre leur objectif.

Les personnes les plus pauvres de la planète sont celles qui n'ont ni rêves ni plan de vie. Chaque personne est responsable de ses rêves, car elle est la seule à être capable de les imaginer, de les nourrir et de les réaliser !

Vous avez la capacité de produire, de développer, de transformer et d'inventer. J'admire les personnes handicapées qui se développent merveilleusement bien. Le handicap n'est pas synonyme d'incapacité ; il faut simplement être capable de penser. Vous devez avoir un rêve, avoir un plan et le mettre en œuvre.

Ce que vous devez savoir sur la visualisation :

— La visualisation vous aide à voir grand.
— La visualisation vous aide à atteindre la grandeur.
— La visualisation vous permet d'être persévérant.
— Votre vision de l'avenir détermine votre destin.
— Vous pouvez voir plus loin que vos yeux ne peuvent le faire.
— Lorsque vous voyez ce qui est possible et que vous croyez que cela peut se réaliser, cela vous rend capable de réaliser l'impossible.
— La clairvoyance est une capacité que Dieu a insufflée au cœur humain.
— La clairvoyance consiste à voir l'avenir avant qu'il ne se réalise. C'est une image mentale de votre destin.
— Le plus grand cadeau que Dieu ait jamais fait à l'humanité n'est pas la vue, mais la clairvoyance.
— La clairvoyance est une fonction du cœur.

Les petits esprits ne commencent jamais. Les faibles ne finissent jamais. Les gagnants n'abandonnent jamais, alors continuez. Gardez votre rêve bien vivant.

Un bon moyen d'atteindre la grandeur est de se fixer des objectifs :

— Prévoyez d'accomplir au moins cinq choses productives chaque jour.

— Dressez une liste d'au moins cinq choses que vous voulez accomplir chaque mois.

— Faites une liste d'au moins cinq choses que vous voulez accomplir en un an.

— Faites un plan pour accomplir au moins cinq choses pour les deux prochaines années.

— Fixez des objectifs pour les cinq, dix, vingt prochaines années et ainsi de suite.

— Planifiez le remboursement de vos dettes (cartes de crédit, paiement de votre voiture, de votre logement…).

— Prévoyez de manger sainement.

— Prévoyez de faire de l'exercice au moins trois fois par semaine pendant au moins dix minutes.

— Prévoyez d'être entouré de ceux qui vous aiment.

— Prévoyez d'amener davantage de personnes dans le royaume de Dieu.

Remerciez Dieu pour tout ce qu'Il a fait pour vous, et faites-Lui confiance pour vos rêves et vos plans.

Vos paroles ont du pouvoir

La parole nous permet de manifester notre existence. Vos mots ont le pouvoir de blesser, de guérir, d'ouvrir les esprits, d'ouvrir les cœurs et de changer le monde. Vos mots peuvent guérir et tuer. Il vaut mieux tenir sa langue plutôt que dire quelque chose que l'on regrettera. Vous pouvez vous exprimer par l'écriture, enregistrer votre voix et prendre la parole, faire une déclaration. La foi s'attache à la confession de la Parole. Dieu a tout créé par Sa Parole. Dieu communique avec nous par Sa Parole et le Saint-Esprit.

Vos paroles commencent dans le cœur. Le cœur doit commencer à dire oui à la Parole de Dieu. Nous devons croire en Dieu pour notre déclaration de foi. Si Dieu dit que je suis, je suis. Celui qui est en toi est plus grand que celui qui est dans le monde. J'aligne ma confession sur chacune des déclarations du Christ. Soyez positif, parlez positivement, ayez la foi pour obtenir des résultats. Faites des promesses positives sur votre vie, votre femme, votre mari, vos enfants, vos amis, votre entreprise, votre communauté, votre nation. N'oubliez jamais la responsabilité que vous avez sur les mots que vous prononcez.

Soyez prêt à affronter la journée, car chaque jour l'ennemi va essayer de vous frapper durement. Par exemple : la tentation, la confusion, la paresse, la jalousie, l'échec, la haine, l'orgueil et ainsi de suite. Par conséquent, vous avez besoin d'Éphésiens 6 :10-18 pour commencer votre journée : «Au reste, fortifiez-vous dans le Seigneur, et par sa force toute-puissante. Revêtez-vous de toutes les armes de Dieu, afin de pouvoir tenir ferme contre les ruses du diable. Car nous n'avons pas à lutter contre la chair et le sang, mais contre les dominations, contre les autorités, contre les princes de ce monde de ténèbres, contre les esprits méchants dans les lieux célestes. C'est pourquoi, prenez toutes les armes de Dieu, afin de pouvoir résister dans le mauvais jour, et tenir ferme après avoir tout surmonté. Tenez donc ferme : ayez à vos reins la vérité pour ceinture ; revêtez la cuirasse de la justice ; mettez pour chaussure à vos pieds le zèle que donne l'Évangile de paix ; prenez par-dessus tout cela le bouclier de la foi, avec lequel vous pourrez éteindre tous les traits enflammés du malin ; prenez aussi le casque du salut, et l'épée de l'Esprit, qui est la parole de Dieu. Faites en tout temps par l'Esprit toutes sortes de prières et de supplications. Veillez à cela avec une entière persévérance, et priez pour tous les saints.»

En outre, voici quelques affirmations quotidiennes pour garder votre esprit positif :

— Merci, Dieu le Père, pour mes bénédictions aujourd'hui.

— Je suis prêt à recevoir mes ordres aujourd'hui.

— Je refuse la tentation aujourd'hui.

— Je refuse de haïr les gens aujourd'hui.

— Je refuse d'être dépendant de tout ce qui ne te plaît pas.

— Seigneur, sépare-moi de tout ce qui me sépare de toi pour que je puisse grandir.

— Je garderai une attitude positive.

— Je t'obéirai aujourd'hui.

— Le Seigneur est mon berger, je ne manquerai de rien.

— Le Seigneur est la force de mon esprit, alors aujourd'hui je pense, je produis des pensées saines et solides. Un esprit fort est un esprit positif comme celui du Christ.

— Je T'entends bien aujourd'hui.

— J'ai une bonne vision aujourd'hui. J'ai un œil qui voit et avec l'œil de la foi, je peux voir le dessein de Dieu partout et en toute chose. Je vois les autres avec des yeux d'amour, de bonté et de victoire.

— Le Seigneur est la force de ma bouche, c'est pourquoi je prononce des paroles qui sont édifiantes, une course au ministère pour ceux qui m'entendent.

— J'ai un bon rythme cardiaque pour aujourd'hui.
— Tout ce que mes mains trouvent à faire, elles le font de toutes leurs forces.
— Je suis le chef-d'œuvre de Dieu.
— Je suis né de nouveau de la semence incorruptible, c'est-à-dire de la Parole de Dieu qui vit et demeure pour toujours.
— Je suis pardonné de tous mes péchés et lavé dans le sang de l'Agneau.
— Je suis le temple du Saint-Esprit.
— Je suis délivré de la puissance des ténèbres et transféré dans le royaume de Dieu.
— Je suis élu(e).
— Je suis enraciné en Lui, édifié par Lui, je suis établi dans la foi et comblé de gratitude.
— Je suis concitoyen des saints et des foyers de Dieu.
— Je suis né de Dieu et le malin ne me touche pas.
— Je suis son fidèle disciple.
— Je suis comblé de bénédictions.
— Je suis son disciple parce que j'ai de l'amour pour les autres.

— Je suis la lumière du monde.

— Je suis le sel de la terre.

— Je suis un ambassadeur du Christ.

— Je suis un enfant de Dieu.

— Je suis guéri(e) par Ses meurtrissures.

— Je suis élevé avec le Christ et assis dans les lieux célestes.

— Je suis le fruit de la pensée du Christ.

— J'ai la vie éternelle et je ne serai pas condamné.

— J'ai la paix de Dieu qui dépasse l'entendement.

— J'ai reçu la puissance du Saint-Esprit.

— Je marche par la foi.

— Je peux tout faire par Jésus-Christ qui me fortifie.

— Ma vie est cachée avec le Christ en Dieu.

— Je m'efforce d'atteindre le sommet de la montagne pour pouvoir obtenir le prix de la haute vocation de Dieu.

— Je possède Le Saint-Esprit, car Celui qui est en moi est plus grand que celui qui est dans le monde.

— Je suis amour, je suis courageux, je suis persévérant, je suis victorieux, je suis protégé, je suis béni, je suis doué, je réussis, je suis guéri, je suis en bonne santé, je suis beau, je suis entier, je suis confiant, je pardonne, je suis reconnaissant, je suis généreux, je suis fort, je suis favorisé, je suis capable, je suis puissant, je suis paisible, je suis fructueux, je suis prospère, je suis un enfant de Dieu, je suis sur le chemin du Ciel, je suis celui que Dieu dit que je suis.

Sagesse

La sagesse est la capacité de prendre la meilleure décision pour soi-même, sa famille et les autres. La connaissance de l'autorité de Dieu est le début de la sagesse. La sagesse de l'homme est bonne, mais nous avons besoin de celle de Dieu pour prendre des décisions sages. L'éducation sans la sagesse de Dieu peut être dangereuse. La connaissance de la révélation vient de la sagesse de Dieu. Si vous avez besoin de sagesse, demandez à Dieu. Nous avons besoin de la sagesse de Dieu dans tous les domaines de notre vie. Demande à Dieu Sa sagesse. Tu reconnaîtras ton plein potentiel lorsque tu acceptes et pratiques la Parole de Dieu ! La meilleure connaissance est de comprendre toutes les bonnes choses, puis de les appliquer dans la vie réelle. La sagesse est une puissance.

Avant de vous marier, il est crucial d'obtenir la sagesse de Dieu, car vous allez prendre beaucoup de décisions, vous allez faire face à de nombreuses opportunités. Vous allez devoir prendre des décisions tous les jours, tout le temps, partout, jusqu'à votre mort. Même dans vos dernières secondes, vous pourrez encore prendre des décisions. Les décisions que vous prenez aujourd'hui affecteront votre vie, votre famille et les autres de manière positive ou négative.

Tu n'as pas besoin de tout savoir, mais tu dois savoir tout ce dont tu as besoin. Votre meilleur professeur est le Saint-Esprit. Il vous aidera à prendre les décisions qui sont en accord avec la Parole de Dieu. Avant de prendre une décision, tu dois penser aux conséquences ou aux résultats.

L'humanité peut-elle recevoir la sagesse de Dieu ? De nombreux versets révèlent que Dieu nous fait effectivement don de Sa sagesse. Aucun individu n'est peut-être aussi connu pour sa sagesse que le roi Salomon. «Dieu a donné à Salomon de la sagesse et une très grande perspicacité, et un cœur large comme le sable qui est sur le bord de la mer.» (1 Roi 4 :29)

Sans sagesse, la vie peut être épineuse. Notre sagesse humaine peut nous attirer davantage d'ennuis, et la vie peut sembler très injuste. Si la vie était une manifestation de justice parfaite, chacun d'entre nous souffrirait éternellement pour chaque manquement de nos vies imparfaites. Il est plus qu'équitable qu'un Sauveur tout puissant comble le fossé qui sépare l'homme imparfait d'un homme parfait et d'un Dieu parfait à la sagesse infinie. Ainsi, rechercher la sagesse de Dieu est la solution pour tout individu. Si nous pouvons tourner notre cœur vers Lui et permettre à Sa Parole de nous guider, nous vivrons une vie totalement imprégnée par l'amour et la sagesse de Dieu.

Dieu m'a béni en m'accordant Sa sagesse pour me permettre de prendre les bonnes décisions dans chaque situation. Je remercie Dieu pour Sa sagesse. Je vous invite, mes amis, à demander à Dieu Sa sagesse afin de prendre les bonnes décisions, car nous prenons des décisions tous les jours.

Un président devra toujours prendre des décisions importantes pour notre pays et pour le monde. Un président a besoin de la sagesse de Dieu. Une personne ordinaire a besoin de la sagesse de Dieu pour prendre des décisions importantes pour sa famille. Un entrepreneur a besoin de la sagesse de Dieu pour prendre des décisions importantes pour son entreprise. Nous avons tous besoin de la sagesse de Dieu pour agir dans ce monde. Demandez à Dieu de vous donner Sa sagesse pour sauver votre famille.

Priorité

La priorité est la chose la plus importante à faire en premier, la chose la plus urgente. Chaque jour, nous devons d'abord remercier Dieu, ensuite L'écouter, L'adorer, Le célébrer, Le rencontrer, lire Sa Parole et enfin Le louer.

Pour réussir dans la vie, il faut avoir le sens des priorités, mais il faut aussi apprendre à planifier. J'écris toujours mes plans, mes rendez-vous, mes objectifs et tout ce qui doit être fait. Parfois, j'ai une longue liste de personnes à appeler ou à qui envoyer des SMS, mais je n'ai pas beaucoup de temps, alors je dois établir des priorités afin de passer les appels les plus importants et les plus urgents. Ma priorité numéro 1 est ma relation avec Dieu. Je place Dieu en premier dans tout ce que je fais. Dieu est ma source ; il est mon roi. Je prie, j'étudie la Parole de Dieu, puis je l'adore. Je remercie toujours Dieu pour tout ce qu'Il a fait pour moi, ma famille, mes amis et les autres. Ma famille, ma contribution à l'établissement du Royaume de Dieu, mes parents, mes frères et sœurs, mes amis, mon éducation et mon travail viennent au second plan. Nous ne pouvons pas tout faire en même temps, nous ne pouvons pas être partout. Donc, nous devons établir notre priorité. Quelle est votre priorité ? Votre entreprise ? Votre famille ? Dieu ? Vos amis ? L'argent ? Le service communautaire ? La prière ? L'enseignement ? Les voyages ? La propreté ? Les factures ? Faire une différence dans la vie de nombreuses personnes ?

Je crois fermement que la foi peut vous aider dans ce domaine à être sur la bonne voie. Si vous placez Dieu en premier, vous ne serez jamais les derniers. Si vous placez l'éducation au second plan, vous influencerez le monde. Dieu et l'éducation vous mèneront sur le bon chemin. Je sais que la famille doit être votre priorité, mais aider quelqu'un qui a un besoin urgent peut parfois être votre priorité. J'utilise la sagesse de Dieu pour établir des priorités dans mes plans et mes objectifs quotidiens.

Lorsque j'étais en Haïti, je me levais à cinq heures du matin pour prier, lire et faire de l'exercice. Puis je passais beaucoup de temps à étudier l'anglais avant d'aller à Port-Au-Prince à l'Institut Haïtiano-Américain. C'étaient mes priorités parce que je voulais aller poursuivre mes études aux États-Unis. J'ai obtenu une bourse complète pour étudier dans une école biblique au Texas (Texas Bible Institute). La première chose dont j'avais besoin était un certificat de connaissance de l'anglais. Vos priorités sont liées à vos objectifs.

J'aime voir grand et réussir tout ce que j'entreprends. Quelle est votre priorité en matière de réussite ? La connexion avec nous est la priorité de Dieu. Lorsque Jésus était sur terre, Il a cherché le père. Jésus a démontré Son intimité avec Dieu en Le cherchant continuellement dans la prière. Quarante-cinq fois, les évangiles nous disent que Jésus s'est retiré pour prier. Chaque aspect de Sa vie et de Son ministère était ponctué de prière.

Selon Luc 5, Jésus a démontré l'amour de Dieu. Il a restauré des vies brisées. Il a affronté l'hypocrisie. Il a enseigné la Parole de Dieu. Il a servi. Il a formé des dirigeants. La priorité de Jésus est maintenant de préparer une place pour ceux qui croient et l'acceptent, et Il reviendra nous chercher.

Éthique de travail

La Bible dit que nous devons travailler pour pouvoir manger. Un vrai homme doit travailler pour subvenir aux besoins de sa famille, avoir un endroit où dormir, mettre de la nourriture sur la table, acheter des vêtements, permettre aux enfants d'aller à l'école et d'avoir accès aux soins de santé, etc. Nous avons tous droit aux choses essentielles de la vie. Avoir un emploi est une bénédiction, c'est pourquoi nous devons être reconnaissants envers Dieu. Que devez-vous faire pour être respecté, pour obtenir une promotion, ou pour avoir un bon témoignage de votre patron, de vos collègues, de vos superviseurs ?

1. Soyez au travail au moins 15 minutes avant de prendre votre poste. Si vous partez tôt de chez vous et que vous arrivez à votre travail 15 minutes à l'avance, vous aurez le temps de tout installer pour être prêt à commencer à travailler. La personne que vous remplacez appréciera cela.

2. Suivez les instructions de votre patron. Nettoyez votre environnement de travail et assurez-vous qu'il est bien sécurisé.

3. Faites bien votre travail. Apprenez beaucoup de choses sur votre travail jusqu'à ce que vous le maîtrisiez. Apprenez à le faire plus vite et bien. Lisez le manuel, les directives, les règles et les règlements.

4. Si on vous donne 30 minutes de pause, n'en prenez pas 31.

5. Avant que votre temps ne soit écoulé, assurez-vous que tout est bien fait de A à Z, et que votre bureau est propre et bien rangé.

6. Pointez toujours après 1 minute si l'entreprise vous en accorde 5 de plus pour le faire.

7. Ne critiquez pas votre patron, ne faites pas de commérages.

8. Ne volez pas, même s'il s'agit d'un centime, d'un stylo ou d'eau.

9. Si vous devez porter un uniforme, portez l'uniforme complet ou vos propres vêtements. Portez des vêtements propres, soyez propre. Soyez professionnel. Nettoyez vos chaussures.
10. Respectez votre patron, votre collègue et tout le monde.
11. N'utilisez pas de mots grossiers.
12. Nous sommes parfois confrontés à des problèmes, mais il faut les laisser chez nous. Souriez, restez positif, soyez transparent, ayez une apparence décente, ayez une attitude positive.

N'oubliez pas que vous travaillez et que vous gagnez. Le salaire que nous gagnons nous aide à assumer nos obligations financières envers les membres de notre famille, l'église et l'école. Il nous permet d'aider les personnes dans le besoin que Dieu nous permet de rencontrer. Le salaire que vous gagnez doit être partagé. Vous gagnerez plus en le faisant. Vous devez reconnaître que tout ce que nous avons vient de Dieu. Par conséquent, nous sommes bénis pour être une bénédiction pour ceux que Dieu a mis sur notre chemin.

Donner et recevoir

Beaucoup de gens ne savent pas comment donner, à qui donner, où donner, quand donner et pourquoi donner.

La capacité de donner ne se manifeste pas par hasard. Nous devons planifier pour être en mesure de donner à l'avenir. Le don n'est pas un sentiment, ni une explosion d'émotions qui se produit soudainement. Vous devez avoir un but dans votre cœur à l'avance pour être un donateur. Vous devez prier avant de donner et obéir au Saint-Esprit pour donner librement. Soyez un donateur joyeux. Une chose que vous devez donner à Dieu, c'est votre cœur. Être un bon donateur, c'est donner à ceux qui sont dans le besoin. En tant que chrétiens, nous devons nous entraîner et être prêts à partager. Nous avons la chance d'être une bénédiction pour les autres. Plus vous donnez, plus vous recevrez. Donner n'est pas nécessairement une question d'argent ou de matériel. Vous pouvez donner un sourire, une bonne suggestion, votre temps précieux ou votre attention. Nous devons donner de manière positive, car il existe de bons et de mauvais cadeaux.

L'hospitalité est une forme de don. Lorsque quelqu'un vous rend visite, souriez-lui, appréciez sa compagnie, offrez-lui de l'eau, invitez-le à s'asseoir. Les personnes les plus heureuses ne sont pas celles qui reçoivent plus, mais celles qui donnent plus. Vous devriez être reconnaissant et heureux de pouvoir donner, car vous ne pouvez pas donner ce que vous n'avez pas.

Amy Carmichael dit : «On peut toujours donner sans aimer, mais on ne peut jamais aimer sans donner.» Par conséquent, je vous exhorte à donner à Dieu le meilleur de vous-même. Donnez le meilleur à votre famille, à vos amis et aux autres. La vie est une question de don. Dieu est le plus grand donateur qui soit. Plus vous donnez aux autres, plus vous recevrez aussi, alors donnez de bonnes choses et voyez ce qui se passe. Le don doit être gratuit, sans condition, sans attente. Donner est une bénédiction. Ne vous vantez pas lorsque vous donnez. Donnez avec une bonne intention. Ne soyez pas avare, cupide, ou concupiscent. Donnez avec amour, car Dieu nous a donné ce qu'Il avait de meilleur, c'est-à-dire son Fils Jésus. Donnez avec respect. Regardez une noix de coco. Dieu la recouvre de beaucoup de choses. Pensez-y, avant que Dieu ne vous donne un bébé. Il s'assure de mettre le bébé dans le ventre de la mère. Quand le bébé est prêt à sortir, Il fait en sorte que cela se réalise.

Dans Luc 10:35, la Bible nous enseigne une histoire puissante sur le don. Aujourd'hui, nous l'appelons le bon Samaritain, un homme qui a permis que sa journée soit interrompue. Il n'a pas permis que les désagréments ou les dépenses l'arrêtent. Ce que les autres pouvaient dire de son investissement dans une personne en difficulté n'avait pas d'importance. Il a donné avec compassion et de manière complète. Il ne s'agit pas d'une simple tape dans le dos. Il a donné du temps, de l'énergie et des ressources sur une longue période pour un homme qu'il ne reverra peut-être jamais. Les personnes généreuses sont à la fois simples et alertes. Cette histoire pourrait sembler un peu héroïque, mais il s'agit en fait d'une simple courtoisie. Si vous ne pouvez pas être arrêté dans votre élan, vous ne serez jamais en mesure de donner avec compassion. Soyez généreux, donnez avec sagesse.

Il est également important de mettre l'accent sur la réception. C'est une bénédiction de recevoir un cadeau, une visite, un mot d'encouragement ou un conseil.

Nous devons recevoir gracieusement. Nous devons montrer notre reconnaissance lorsque nous recevons une bénédiction. Nous recevons avec amour. Recevoir quelqu'un dans votre maison, votre bureau avec amour, respect et dignité est le plus merveilleux des actes de bonté. Vous pouvez recevoir de l'aide. L'hospitalité consiste à bien recevoir quelqu'un dans votre maison.

Dites merci lorsque vous recevez quelque chose. Dites que vous l'appréciez vraiment. Vous pourriez exprimer votre sincère gratitude en disant : «Merci beaucoup d'avoir pensé à moi.»

Je vous invite, frères et sœurs, à recevoir Jésus-Christ dans votre cœur comme votre Seigneur et Sauveur. Recevez son amour pour qu'il demeure dans votre cœur pour toujours. Cette seule décision transformera toute votre vie, vous donnera à vous et à votre famille le pouvoir sur tout, sur le Diable. N'oubliez jamais que le Diable a du pouvoir, mais que Dieu est omnipotent.

Jésus traversait un village de Samarie lorsqu'il rencontra un groupe de dix hommes qui souffraient de la lèpre. Les hommes ont crié pour que Jésus ait pitié d'eux. Il leur demanda de se présenter aux prêtres locaux afin d'être purifiés de manière cérémonieuse (Luc 17 : 11-19).

Les hommes ont fait ce qu'on leur a demandé, puis neuf d'entre eux sont partis chacun de leur côté. Peut-être sont-ils partis pour célébrer leur guérison. Peut-être avaient-ils l'intention de partager la bonne nouvelle avec leurs proches. Peut-être étaient-ils simplement impatients de rejoindre la société et de commencer leur nouvelle vie.

Le dixième lépreux avait probablement des projets similaires. Mais il avait d'abord quelque chose d'autre à faire. Selon Luc 17:15-16, il «s'en retourna, glorifia Dieu d'une voix forte, et se jeta sur sa face aux pieds de Jésus, en lui rendant grâce.» Jésus a été ému par la réponse de l'homme, qui a dû être presque aussi gratifiante pour lui que la guérison elle-même. Parce qu'il a fait un effort supplémentaire pour exprimer sa gratitude, le dixième lépreux a pu entrer en contact avec le Seigneur d'une manière profonde.

Lorsque vous remerciez Dieu avant de recevoir quelque chose, cela s'appelle la foi. Lorsque vous remerciez Dieu après avoir reçu quelque chose, cela s'appelle la gratitude. Soyez donc reconnaissant envers Dieu, votre famille, vos amis et les autres. Ayez une attitude de gratitude.

Donne-lui généreusement et fais-le sans rechigner; et grâce à cela, le Seigneur ton Dieu te bénira dans tout ton travail et dans tout ce que tu entreprendras.

Chacun donnera selon ses moyens, en fonction de la bénédiction que l'Éternel, ton Dieu, t'a accordée.

Ne refusez pas le bien à ceux à qui il est dû, quand il est en votre pouvoir de le faire.

Or, Celui qui fournit la semence au semeur et le pain pour la nourriture, fournira et multipliera votre semence pour les semailles et augmentera la récolte de votre justice.

Je vous ai montré de toutes les manières, en travaillant ainsi, que vous devez soutenir les faibles. Et rappelez-vous les paroles du Seigneur Jésus, qui a dit : «Il y a plus de bonheur à donner qu'à recevoir.»

Je sais qu'il n'y a rien de mieux pour les gens que d'être heureux et de faire le bien pendant leur vie. Que chacun d'entre eux puisse manger et boire et trouver satisfaction dans tout son labeur, voilà le don de Dieu.

Quoi que vous fassiez, travaillez-y de tout votre cœur, vous savez que vous recevrez un héritage du Seigneur en récompense de votre travail pour Lui, et non pour des maîtres humains. C'est le Seigneur Christ que vous servez.

Musique

Selon le dictionnaire Webster, la musique est «l'art de combiner des sons pour former une composition expressive ; toute séquence rythmique de sons agréables».

La musique est bien plus que cette définition ; elle est présente dans tout ce qui nous entoure. La musique se trouve partout dans notre monde. Elle nous aide à nous trouver et à traverser les moments difficiles que nous rencontrons tous dans notre vie. La musique nous donne un moyen de nous exprimer et de montrer ce que nous ressentons au fond de nous-mêmes et que nous ne permettons généralement pas aux autres de voir. La musique est importante dans notre monde, ainsi que dans nos vies. J'aime la musique, j'en écoute tous les jours, je joue de quelques instruments, avant d'aller me coucher, j'écoute généralement de la musique, et voici quelques raisons pour lesquelles je le fais :

1. La musique est un moyen d'expression. Elle donne aux gens un moyen d'exprimer ce qu'ils vivent à l'intérieur d'eux-mêmes sous de nombreuses formes différentes : qu'il s'agisse d'être un musicien (chanteur, rappeur, instrumentiste), de faire partie d'un groupe musical, d'enseigner la musique à d'autres personnes, ou de tout ce que vous êtes ou ce que vous voulez être à travers la musique.

2. La musique est un moyen de communiquer ce que l'on ressent. La musique aide également les gens à communiquer leurs sentiments lorsqu'ils ne trouvent pas les mots pour les exprimer. Parfois, dans notre vie, il est difficile de dire ce que nous ressentons aux autres, mais à travers la musique, nous trouvons les mots qui nous manquent et les messages que nous voulons faire passer. Nous pouvons tous trouver les mots que nous cherchons en écrivant des

chansons ou en écoutant simplement différentes chansons à la radio. La musique est importante, car elle nous aide à trouver les mots que nous ne pouvons pas dire.

3. La musique rapproche les individus. Elle peut rapprocher les gens dans notre monde de plusieurs façons, comme en jouant de la musique avec d'autres personnes. Le fait de faire partie d'une chorale ou de tout autre type de groupe jouant de la musique permet de rapprocher les gens les uns des autres. La musique est importante, car elle unit les gens dans le monde. La participation à un concert avec vos proches et d'autres personnes peut être merveilleuse. Cela peut être un moment de réconciliation, un moment d'amour.

4. La musique est dans tout. La musique est partout dans notre monde et elle est liée à tout. La musique est présente dans toutes nos histoires, depuis le début. Elle est également présente dans les sciences et les mathématiques à bien des égards. La musique est importante, car elle est partout autour de nous dans le monde. J'aime entendre les oiseaux chanter. Partout où je vais, j'apporte généralement quelque chose pour écouter de la musique ou un instrument pour en jouer.

Il y a de nombreux avantages à écouter de la bonne musique. En voici quelques-uns :

a) Accroissement du bonheur

Lorsque vous écoutez votre musique préférée, votre cerveau libère de la dopamine, un neurotransmetteur qui augmente les sentiments de bonheur, d'excitation et de joie. Si vous avez besoin d'un coup de fouet émotionnel, écoutez vos chansons préférées pendant 15 minutes pour obtenir un effet naturel.

b) Amélioration de l'exercice physique

Les coureurs qui écoutent de la musique rapide et motivante courent plus vite que ceux qui écoutent de la musique calme. Si vous voulez faire monter votre course d'un cran, écoutez des chansons qui vous inspirent. Lorsque j'écoute de la musique en courant, je cours plus vite et plus longtemps.

c) Amélioration de la santé et diminution du stress

Écouter de la musique peut réduire le taux de cortisol, l'hormone du stress, dans votre organisme. Le stress est à l'origine de 60 % des maladies. Des niveaux de stress plus bas signifient des chances plus élevées de bien-être général. Mettez de la musique et chantez, cela peut vous aider à réduire votre stress. Je suis trop chanceux pour être stressé ; la musique m'accompagne toujours quand il n'y a personne d'autre autour de moi.

d) Un bon sommeil réparateur

Une étude a révélé que l'écoute de musique classique ou de musique relaxante améliore le sommeil et aide à soulager l'insomnie. D'autres recherches suggèrent également que la musique peut vous mettre dans un état méditatif. Je sélectionne toujours une musique douce avant d'aller me coucher. Je m'endors plus vite quand je suis dans mon lit.

e) Réduction de la dépression et de la douleur

Plus de 350 millions de personnes souffrent de dépression dans le monde. D'autres recherches ont montré que la musique pouvait réduire la douleur chez les patients en soins intensifs, mais il fallait utiliser des morceaux classiques, de la musique méditative ou des chansons sélectionnés par le patient. La musique a des effets sur les hormones. La musique est ma passion. Je vous suggère d'écouter la musique que vous aimez. Votre douleur sera considérablement réduite.

La formation musicale aide à développer le langage et le raisonnement : les élèves qui ont une formation musicale précoce développeront les zones du cerveau liées au langage et au raisonnement. L'éducation musicale est également importante parce qu'elle donne aux élèves un moyen d'entrer en contact avec d'autres personnes. Les enfants sont naturellement très sociaux, et il est important de les encourager à nouer des relations en leur offrant des expériences à partager avec les autres. Si vous voulez changer le monde, il faut enseigner la musique.

«Une bonne chose à propos de la musique : quand elle vous touche, vous ne ressentez aucune douleur»
(Bob Marley).

La vraie beauté de la musique est qu'elle relie les gens. Chacun a la liberté d'écouter, de chanter et de regarder n'importe quoi. Cependant, si vous voulez élever des enfants pieux, si vous voulez être heureux, si vous voulez avoir moins de stress, si vous voulez être plus heureux, je vous encourage à écouter de la musique édifiante, et des vidéos qui reflètent la valeur de votre famille. Nous sommes la musique, nous sommes le monde. Quand vous allez au restaurant, il y a de la musique. Quand vous allez dans un magasin, il y a de la musique. Dans votre voiture, il y a de la musique. Il y a de la musique, le jour de votre mariage, lequel est considéré comme le jour le plus important de votre vie. Rappelez-vous que les Anges du Seigneur chantent en ce moment même. Pour les croyants, nous chanterons l'Alléluia au Ciel, donc la musique est éternelle.

Puis j'entendis quelque chose comme la voix d'une grande foule, comme le bruit de grandes eaux et comme le bruit de perles puissantes du tonnerre, disant : "Alléluia! Car le Seigneur notre Dieu, le Tout-Puissant, règne. «Réjouissons-nous, soyons dans l'allégresse et rendons-Lui gloire, car les noces de l'Agneau sont venues et Son épouse s'est préparée» .

Temps

Qu'est-ce qui est le plus court et le plus long ?

Le temps est la chose la plus courte et la plus longue en même temps. Dieu a créé le temps. En tant que chrétiens, nous devons gérer notre temps avec sagesse. Le monde vous fait perdre votre temps. Nous devons organiser notre temps et faire des plans pour l'avenir. Le temps est important, ne le gaspillez pas. Que faites-vous de votre temps précieux ? Du moment où vous êtes né jusqu'au moment où vous mourrez, il est comptabilisable. Partagez-vous votre temps précieux avec les bonnes personnes ? Utilisez-vous votre temps pour faire le bien ?

Vous ne prévoyez pas d'échouer ou de faire échouer les autres, mais si vous n'utilisez pas votre temps à bon escient, vous échouerez lourdement. Passez-vous du temps avec le Créateur ? Passez-vous du temps avec vos proches ? Je regrette d'avoir perdu beaucoup de temps.

Vous pouvez gagner de l'argent, mais vous ne pouvez pas gagner du temps. Tirez le meilleur parti de chaque jour. Chaque jour vous avez 86 000 minutes et 400 secondes. Vous pouvez vous fixer un objectif en les investissant dans quelque chose de positif, de productif, et cela vous rendra heureux. Chaque jour est un cadeau. Vous n'avez pas le temps d'essayer de comprendre tout le monde. Ne perdez pas votre temps à vouloir plaire à tout le monde, vous ne le ferez pas. Utilisez le temps pour développer votre talent. Si quelqu'un ne veut pas être ton ami, ne perds pas ton temps. Quelqu'un d'autre sera heureux d'être ton ami.

La chose la plus banale que nous avons tous est le temps. Nous avons le même temps. Ce que vous devenez dépend de la façon dont vous utilisez votre temps. Les riches et les pauvres ont la même quantité de temps. Le temps, c'est la vie. Le temps est une bénédiction. Quel âge avez-vous ? Quelle est votre vie ? Votre vie est le temps. La vie est mesurée par le temps. La vie est définie par le temps. La vie s'arrête quand le temps s'arrête. Le passage du temps est celui de la vie. La vie est conditionnée par le temps. La vie est déterminée par le temps. Le temps a son propre pouvoir. Le temps change tout.

J'aurais aimé que mon père passe plus de temps avec moi quand il était vivant. Il avait d'autres femmes, alors il n'était pas souvent à la maison. Je passais la plupart de mon temps avec ma maman. Quand je voyais d'autres enfants jouer avec leur papa, je pensais au mien. Il est décédé en octobre 2007 et je n'ai pas vraiment eu l'occasion de passer plus de temps avec lui de son vivant. C'est l'une des raisons pour lesquelles je fais de mon mieux pour passer du temps avec ma femme et ma fille.

J'aurais aimé passer plus de temps à apprendre à connaître Dieu quand j'étais plus jeune. J'aurais aimé utiliser mon temps pour aimer davantage les autres. J'aimerais utiliser mon temps précieux pour écouter la musique qui glorifie Dieu. J'aimerais pouvoir pardonner davantage aux gens. J'aimerais utiliser moins de temps sur les médias sociaux. J'ai fait perdre du temps à certaines personnes ; j'aimerais ne pas l'avoir fait. «Il y a un temps pour tout.» Soyez patient. Demandez à Dieu de vous donner la sagesse afin de tout faire au bon moment.

Ne comptez pas les jours de votre vie, faites en sorte que les jours comptent. Je choisis de faire quelque chose de productif avec mon temps. Je consacre mon temps à l'amour de Dieu, de mes voisins ainsi qu'à l'amour de soi. J'utilise mon temps pour aider les personnes dans le besoin.

Je veux utiliser mon temps pour faire avancer le Royaume de Dieu. Le temps perdu n'est jamais regagné. Le temps vous rend discipliné ; si vous êtes discipliné, vous augmenterez vos connaissances. Priez pour que Dieu utilise votre temps pour accomplir des choses merveilleuses. Vous avez besoin de temps pour tout. Vous avez besoin de temps pour voyager, vous avez besoin de temps pour préparer votre mariage, vous avez besoin de temps pour vous reposer. Vous avez besoin de temps pour prendre les décisions les plus importantes de votre vie. Vous avez besoin de temps tout le temps. Faites le bien tout le temps. Dieu est bon tout le temps.

Il est temps de commencer à utiliser votre temps à bon escient. Il est temps de donner votre vie au Christ. Il est temps d'aimer davantage. Quel est ce temps ? Le temps de connaître le monde dans lequel nous vivons. C'est le temps de savoir que nous quitterons un jour cette terre, le temps d'être plus proche de Dieu, le temps de partager la bonne nouvelle, le temps de partager avec ceux qui sont dans le temps, le temps d'être reconnaissant envers Dieu, le temps de remercier Dieu pour l'air que vous respirez. C'est le temps de pardonner à votre conjoint, à votre ami et aux autres. C'est le temps de penser grand. Le temps de faire savoir au Diable qu'il est éternellement vaincu. Le temps d'accepter Jésus pour être sauvé et avoir la vie éternelle.

Le don le plus commun que Dieu ait jamais fait à l'homme est le temps. Que vous soyez pauvre ou riche, vous disposez de la même quantité de temps. Le temps est invincible, mais il est contrôlable. Je pense beaucoup au temps, car la vie est mesurée par celui-ci. Ce que vous êtes devenu dépendait totalement de la façon dont vous avez utilisé votre temps. Quand tu meurs, tu es hors du temps et tu passes à l'éternité.

Évitez d'être triste ou en colère si souvent, car chaque minute de tristesse vous fait perdre 60 secondes de votre bonheur. Alors, profite de chaque seconde de ta vie.

J'utilise mon temps pour prier. Je crois en Dieu, alors je communique régulièrement avec Lui. J'aime lire, car c'est ainsi que je peux accroître mes connaissances. Je vais à la salle de sport pour faire de l'exercice, car c'est bon pour la santé. Je ris, car le rire est un bon médicament. J'utilise mon temps pour être avec ma famille, mes amis et ceux qui m'aiment. Je vous suggère d'apprécier le temps que Dieu vous a donné et de faire ce qu'il y a de mieux pour vous-même et les autres.

Comportez-vous sagement envers les personnes extérieures, en faisant le meilleur usage de votre temps.

AMITIÉS

De toutes les amitiés bibliques, celle de David et Jonathan est peut-être la plus marquante. 1 Samuel 18 décrit leur amitié : «Dès qu'il eut fini de parler à Saül, l'âme de Jonathan se lia à l'âme de David, et Jonathan l'aima comme sa propre âme.» Jonathan s'est sacrifié pour David, se dépouillant des objets qui représentaient son pouvoir et sa position en les lui donnant. Jonathan était également d'une loyauté inébranlable envers David, le prévenant de la trahison du roi Saül et de son intention de le tuer. Les deux amis partageaient également un lien affectif étroit, et n'avaient pas peur de partager leurs sentiments en pleurant lorsqu'il est devenu évident que David devait partir. Aimer l'autre comme on s'aime soi-même constitue l'essence même de l'amitié.

Les amis ont tendance à avoir un lien très fort ou une même attitude l'un envers l'autre. J'espère que quiconque lira ce livre aura une perspective différente de l'amitié et de ses significations. Un véritable ami est quelqu'un que l'on peut appeler à tout moment. Il n'a pas de calendrier, et il vous aime. Jonathan et David ont conclu une alliance selon laquelle celui-là aimait celui-ci comme sa propre âme.

Vos amis peuvent vous influencer positivement ou négativement. Vos amis ont le pouvoir d'influencer votre pensée ou vos actions par le biais d'arguments. Certains amis ont même le pouvoir de rendre votre journée ou votre vie entière meilleure ou pire. Certains amis peuvent vous inciter à vivre réellement pour Dieu, tandis que d'autres peuvent vous pousser à faire quelque chose de mal que vous regrettez maintenant. Certains amis sont géniaux, d'autres sont toxiques.

Évitez les amitiés toxiques. Elles sont malsaines, hypocrites et peu fiables. Elles sont celles des personnes les plus dangereuses, car ces dernières prétendent être vos amis. Elles connaissent vos affaires, parfois elles en savent plus sur vous qu'un frère. Elles vous utilisent et vous manipulent la plupart du temps. Dieu ne veut pas de choses malsaines pour vous. Une chose que nous devons savoir, c'est que Dieu n'est pas glorifié par une amitié toxique, car celle-ci endommage, détruit et divise.

Les amis sont censés vous aimer, vous aider à atteindre vos objectifs et vous élever. Ils doivent être là pour vous dans les bons moments, et lorsque vous êtes en difficulté. Choisissez des amis sains.

Les amis doivent être capables de s'entendre entre eux. Les bons amis sont un trésor. Il est très difficile de trouver de bons amis, c'est pourquoi nous devons être reconnaissants envers Dieu pour nos bons amis. C'est très difficile après le lycée quand vos amis vont dans des universités différentes. C'est encore plus difficile s'ils vont à l'étranger et se marient. J'avais deux amis quand j'étais en troisième année fondamentale. Ils ont quitté Haïti pour aller vivre en France. Je ne les ai pas revus depuis années, mais il est impossible de les oublier. Les amis qui étaient proches de nous nous manquent toujours. Les amis vous aiment simplement pour ce que vous êtes. Les circonstances de la vie peuvent nous séparer, mais l'amour pour un ami restera à jamais dans notre cœur. J'aime l'idée d'une réunion d'amis, car c'est la meilleure façon de se voir, de se chérir et de s'honorer. Dites à vos amis que vous les aimez, montrez-leur que vous les aimez, dites-leur qu'ils sont importants dans votre vie. Passez-leur un coup de fil, écrivez-leur un courriel, un SMS ou, si vous le pouvez, rendez-leur une visite de courtoisie. Appréciez-les, encouragez-les à atteindre leurs objectifs. Rappelez-vous que nous ne perdons jamais nos amis, nous apprenons seulement qui sont nos vrais amis.

Je vais vous présenter quatre types d'amitié qui vous aideront à distinguer qui sont vraiment vos grands et meilleurs amis :

- l'amitié occasionnelle : celle des personnes que vous voyez et dont vous connaissez le nom.

- l'amitié proche : celle des personnes qui sont importantes pour vous (une trentaine d'individus, voire plus).

- l'amitié engagée : celle des personnes qui peuvent vous influencer positivement ou négativement.

- l'amitié spirituelle : celle des personnes que Dieu permet de vous aider afin de poursuivre Son objectif.

Il existe des relations à court terme, qui peuvent être positives ou négatives. Vous avez ces amitiés pour une courte période, disons pour une durée de moins d'un an. Les amitiés à long terme peuvent durer plus longtemps, par exemple celles de votre famille, des personnes avec lesquelles vous travaillez, des personnes que vous rencontrez à l'église et celles membres de votre équipe sportive.

Vos meilleurs amis vous donnent le meilleur d'eux-mêmes, et ceux qui sont pieux donnent de bons conseils à leurs amis. Ils vous soutiennent dans vos meilleurs et vos pires jours. Ils sont honnêtes avec vous. Ils sont loyaux envers vous.

Les vrais amis restent pour toujours, au-delà des mots, de la distance et du temps ! Les vrais amis prient les uns pour les autres ! Les vrais amis chrétiens peuvent être d'excellents partenaires de prière.

Ils veulent que vous réussissiez dans votre vie. Ils vous aiment comme eux-mêmes. Ils vous inspirent à devenir une meilleure personne. Ils vous mettent en contact avec des personnes positives. Ils s'amusent avec vous. Ils respectent et aiment votre famille. Ils vous aident à grandir dans votre relation avec Dieu. Ils déposent tout pour que vous puissiez traverser le pont. Ils vous secourent lorsque votre bateau coule. Ils font de leur mieux pour vous faire savoir quand les gens complotent contre vous. Ils vous font sourire lorsque vous n'avez pas envie de le faire. Ils vous chérissent. Ils partagent avec vous quand ils savent que vous êtes dans le besoin.

Si vous faites une erreur, vos amis doivent vous pardonner. Si vous faites fausse route, vos amis doivent en discuter avec vous et vous dire la vérité avec gentillesse. Il est parfois difficile d'entendre la vérité quand on a tort, mais les vrais amis ne te laisseront pas périr. Les vrais amis ne sont pas égoïstes.

Pardonnez à vos amis. «Si vous avez quelque chose contre quelqu'un, pardonnez-lui, afin que votre Père céleste vous pardonne aussi vos offenses.»

Si vous n'êtes plus ami avec quelqu'un et que vous voulez le rester, priez à ce sujet. Concentrez-vous sur les aspects positifs et les objectifs communs. Parfois, cependant, les gens ne sont plus dans votre vie pour une raison précise. Dieu vous donnera le courage de laisser partir les relations toxiques. Certains amis peuvent être de bonnes personnes, mais ils ne sont pas destinés à rester dans votre vie. Certains amis peuvent ruiner votre vie et celle de votre famille. Demandez à Dieu de vous mettre en contact avec des amis sains, car la vie continue. Le seul ami qui sera avec vous partout, tout le temps et pour toujours s'appelle JÉSUS!

Les vrais amis restent pour toujours, au-delà des mots, de la distance et du temps! Les vrais amis prient les uns pour les autres! La Bible nous fournit certains des meilleurs conseils pour choisir nos amis et entretenir des relations bénéfiques, mais nous allons vous citer quelques personnes célèbres :

«Trouvez un groupe de personnes qui vous mettent au défi et vous inspirent ; passez beaucoup de temps avec ces personnes afin que votre vie soit transformée.»

- Amy Poehler

«Un ami est celui qui vous connaît tel que vous êtes, qui comprend qui vous avez été, qui accepte ce que vous êtes devenu, et encore, qui vous permet de vous développer.»

-William Shakespeare

«Un véritable ami est celui qui entre quand le reste du monde sort.»

-Walter Winchell

« la fin, nous nous souviendrons non pas des mots de nos ennemis, mais des silences de nos amis.»

-Martin Luther King Jr.

«Ne vous faites pas des amis avec lesquels il est agréable d'être. Faites-vous des amis qui vous obligeront à vous élever.»

-Thomas J. Watson

«L'amitié est le seul ciment qui empêche le monde de se disloquer. ż

Woodrow T. Wilson

«Un ami connaît la chanson de mon cœur et me la chante quand ma mémoire me fait défaut.»

-Donna Roberts

«Le meilleur moment pour se faire des amis est celui qui précède le jour où l'on a besoin d'eux.»

-Ethel Barrymore

«Nous devons aimer nos amis comme nous-mêmes. Ils méritent d'être aimés inconditionnellement et pour toujours.»

-Colbert Courtois

ÉCRITURES SUGGÉRÉES :

Jacques 1:5

Rois 4:29

1 Rois 5:12 ; 10:24

Exode 31:3

Deutéronome 34:9

Éphésiens 1:17

Marc 1

Luc 5:29

Matthieu 14:14-21

Luc 5:17

Jean 11:1

Phil. 2:13

Luc 19:45-46

Jean 1:14

Jean 13:2

Matthieu 10:1-4

Proverbes 10:4

1 Thessaloniciens 4:11,12

2 Thessaloniciens 3:10

Colossiens 3:23

Deutéronome 15:10

Deutéronome 16:17

Proverbes 3:27

2 Corinthiens 9:10

Actes 20:35

Ecclésiaste 3:12

Colossiens 3:23-24

Luc 6:38

1 Corinthiens 6:12

1 Corinthiens

Apocalypse 19:6-7

Néhémie 9:6

Apocalypse 4:6-11

Apocalypse 11:16

1 Pierre 2:9

Luc 2:13-14

Daniel 7:14

Colossiens 4:5

Psaumes 90:12

2 Pierre 3:8

Ecclésiaste 3:1-2

Proverbes 27:1

Luc 14:28

Marc 11:25

Proverbes 18:24

Proverbes 18:25

Proverbes 13:20

Jean 15:13

Proverbes 27:9

Psaumes 133:1

Proverbes 17:17

Philippiens 1:3-5

Proverbes 12:26

Romains 12:10-11

Philippiens 2:4

Galates 6:2

1 Corinthiens 15:33

Hébreux 10:24-25

Ecclésiaste 4:9-12

Matthieu 18:20

Proverbes 27:17

Jean 15:15

Ésaïe 43:7

1 Pierre 5:6-7

Genèse 1

Psaumes 24:1

Job 22:21

Proverbes 15:6

1 Corinthiens 4:2

Luc 3:11

Proverbes 28:19

Proverbes 15:4

Proverbes 28:21

Proverbes 19:24

Hébreux 13:5

1 Timothée 6:10

Proverbes 11:28

Matthieu 6:24

1 Timothée 6:18

Romains 12:13

Philippiens 2:4

Romains 15:7

Luc 14:28

Proverbes 21:5

Proverbes 21:20

Proverbes 30:25

Proverbes 15:14

DEUXIÈME PARTIE : VOTRE FAMILLE

QU'EST-CE QUE LE MARIAGE ?

Selon la Bible, le mariage est l'union d'un homme et d'une femme, un engagement à vie à s'aimer l'un l'autre. Institué pour la première fois par Dieu dans le jardin d'Eden, le mariage a également été confirmé par le Christ. L'amour et la soumission à l'égard de son compagnon ont été recommandés par Paul. L'amour d'un mari et d'une femme l'un pour l'autre est emblématique de l'amour du Christ pour l'Église.

Le mariage est l'une des décisions les plus importantes que vous puissiez prendre, car vous allez devenir une seule chair. Cette seule chair ira dans la même direction et partagera la même vision spirituelle en honorant Dieu et en vivant purement pour Sa gloire.

J'ai rencontré Erwin en 2002 dans notre ville natale, Grand-Goâve, en Haïti. Nous n'étions pas proches au début, mais nous étions des amis. Je la trouvais intelligente et gentille. Nous avons toujours discuté de notre dévotion à Dieu et nous étions impliqués dans les activités de l'Église.

Nous avons commencé à nous fréquenter très sérieusement en 2014. Les points communs que nous avons comme l'amour pour l'éducation sont les éléments qui m'ont donné envie d'épouser Erwin. Après presque deux ans, j'ai fait ma demande en mariage. Nous nous sommes mariés trois mois plus tard, en 2016.

Je me suis posé ces questions avant qu'Erwin et moi ne nous mariions : qui a créé le mariage ? Qu'est-ce que le mariage ? Pourquoi est-ce que je me marie ? Comment puis-je savoir qu'Erwin est la bonne personne ? Suis-je prête à tout partager avec elle ? Suis-je prêt à faire des compromis ? Sera-t-elle ma meilleure amie ? Est-ce que je lui accorderai mon attention ? Lui accorderai-je mon temps ? Est-ce que je serai là pour elle ? Serai-je patient avec elle ? Vais-je l'aider à réaliser son rêve ? Vais-je contribuer à son bonheur ?

Avant le mariage, nous avons suivi un court programme de conseil prénuptial. À l'école, nous avions suivi des cours de théologie sur le mariage, mais nous voulions tous deux en savoir plus. Nous avons suivi des conseils financiers pour les couples en plus des conseils habituels. Les séances ont donné lieu à de nombreuses conversations profondes ; nous avons parlé de ce que nous attendions du rôle de chacun dans notre foyer, de la façon dont nous voulions élever notre famille et de ce que nous considérions comme la force et la réussite d'un mariage. Nous avons individuellement fait des recherches sur le mariage dans la Bible et discuté de nos interprétations des qualités que devrait avoir un mariage heureux.

Un vrai mariage doit être comme un triangle isocèle. Le mari a une relation personnelle avec Dieu, et sa femme a une relation personnelle avec Dieu, et ces relations sont égales. Ensuite, les angles de la relation entre les conjoints sont égaux.

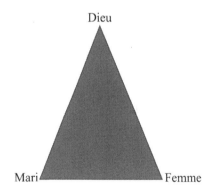

Le mariage est une alliance sacrée; c'est l'amour véritable. Dieu est la source de la solidité d'un mariage. Avant qu'Adam et Ève ne désobéissent à Dieu, Celui-ci nous a créés, a insufflé son propre souffle dans nos narines et nous a visités. Dieu a institué le mariage;

par conséquent, chaque conjoint doit avoir une relation forte avec Lui, indépendamment l'un de l'autre. La force de ces liens avec Dieu solidifie le mariage. Plus j'aime Dieu, plus j'aime ma femme. Ma relation avec Dieu m'aide dans ma relation avec Erwin, car Dieu nous a unis pour que nous grandissions et que nous l'honorions. Dieu est au centre de notre mariage. Erwin et moi travaillons pour le Royaume de Dieu. Donc travailler ensemble dans le ministère nous permet de respecter notre vœu et de rester fidèles l'un à l'autre. Lorsque nous prions Dieu, il nous répond.

Pour être plus proche de votre conjointe, il faut :

- adorer Dieu ensemble.
- prier ensemble.
- lire la Bible ensemble.
- aller à l'église ensemble.
- vous asseoir ensemble.
- lui dire que vous voulez que le public sache qui est votre famille et que celle-ci a de l'importance à ses yeux.
- vous tenir la main en marchant.
- écrire des lettres ou des cartes ensemble.
- participer à un service d'aide au sein de l'église.

— mettre sa photo sur votre bureau.

— écrire à sa mère et à son père pour les remercier de la fille qu'ils ont élevée. Il faut lui donner une copie de la lettre.

— écrire un poème sur sa vie.

— faire une activité favorite ensemble (par exemple, jouer au bowling, faire du vélo, nager, aller au zoo, faire une randonnée, faire du camping, faire du cheval, skier, visiter des sites).

— écouter encore et encore le message de la prédication.

— relire les Écritures lorsque vous prêchez.

— louer une limousine, appeler votre femme et lui dire d'être prête à une certaine heure.

— manger ensemble.

— aller dans une galerie d'art.

— faire des efforts pour planifier les détails de sa prochaine fête d'anniversaire.

— aller à la salle de sport ensemble.

— Lire ensemble le Cantique des Cantiques de Salomon qui se trouve dans la Bible.

— aller ensemble à un spectacle pour enfants.

— lui tenir la main et l'écouter lorsqu'elle pleure ou qu'elle a des inquiétudes.

— voyager ensemble.
— la complimenter sur son apparence physique.
— participer ensemble à la fête d'anniversaire d'un enfant.
— regarder les photos de mariage ensemble de temps en temps.
— partir en vacances au moins une fois par an si vous pouvez vous le permettre.
— l'appeler au moins une fois au travail.
— lui faire des compliments devant des amis, en sa présence.
— l'emmener faire une petite croisière.
— aller au théâtre ensemble.
— Se complimenter mutuellement au moins une fois par jour.
— cuisiner ensemble si possible.
— Lui faire un massage des pieds avec sa crème hydratante préférée.
— consacrer une journée à la réalisation des tâches personnelles pour lui faire plaisir.
— emmener les enfants aux cours ensemble.
— faire la lessive ensemble si possible.
— Lui faire écouter sa musique préférée.
— la regarder dans les yeux lorsqu'elle parle.

- regarder un film romantique, et un film chrétien au moins une fois par semaine.
- réaliser quelque chose ensemble au moins une fois par an.
- aider deux personnes mariées à se rapprocher l'une de l'autre.
- faire les courses ensemble.
- lui apporter des fleurs.
- Prévoir un rendez-vous hebdomadaire avec elle.
- avoir une vision commune.
- faire un long trajet en voiture ensemble.
- faire de votre mieux pour voir votre conjointe en premier lorsque vous rentrez du travail.
- passer une nuit avec votre conjointe dans un endroit romantique.
- dresser ensemble une liste d'objectifs qu'on s'engage à atteindre.
- évangéliser ensemble.
- faire des travaux de jardinage ensemble.
- lui demander son avis sur une décision importante que vous devez prendre.
- passer du temps ensemble avec les enfants.
- prendre un bain ensemble.

- sourire ensemble.
- écouter de la musique ensemble.
- aller ensemble à l'hôpital pour faire des bilans de santé.
- faire le lit ensemble.
- lui poser cette question simple : «Que puis-je faire pour toi aujourd'hui, ma chérie?»
- offrir à votre femme un médaillon avec votre photo à l'intérieur.
- renouveler vos vœux de mariage.
- laisser un beau message sur le répondeur.
- faire une promenade sur la plage.
- vous mettre sur votre 31 et l'emmener à un événement social chic.
- Lui lire des livres intéressants au lit.
- engager un pilote d'avion pour vous emmener en excursion.
- faire du bénévolat ensemble dans une soupe populaire, un refuge pour sans-abri ou une maison de retraite.
- réfléchir et toujours planifier votre anniversaire.
- Installer une table dans votre chambre pour un dîner privé.
- lui offrir un massage du cuir chevelu avant de vous coucher.

— laisser un mot d'amour dans la poche de son manteau.

— l'appeler dans la journée pour lui dire que vous l'aimez et que vous avez pensé à elle.

Si vous pratiquez 70 % de ce que je viens d'énumérer, votre mariage sera fructueux, plus fort et plus solide que jamais.

Voici un bon exemple de prière pour les maris :

Père, au nom de Jésus, je prie et je crois que [insérer le nom de la femme] est la bonne épouse que Tu as choisie pour moi. Elle est la plus belle femme de Dieu. Elle est intelligente et précieuse.

Elle priera pour moi, pour la famille, elle m'encouragera, elle ne me fera que du bien. Elle a de l'affection pour moi. Je suis attirant pour elle. Elle utilise ta sagesse pour prendre la bonne décision. Ma femme est habile. Elle est gentille et serviable. Elle est honnête et fidèle. Elle Te craint.

Père Dieu, je Te remercie du fait que [insérer le nom de la femme] me respecte. Elle m'honore, m'aime, m'estime et m'admire énormément.

Je Te loue pour que Ta Parole agisse au sein de notre mariage et que nous soyons transformés à l'image de

Jésus par le renouvellement de notre esprit. Je crois, je prie au nom de Jésus. Amen !

Voici un exemple de bonne prière pour les épouses :

Père Dieu, au nom de Jésus, je prie et je crois que [insérer le nom du mari] est un vrai homme de Dieu. Il T'obéit. Il m'aime. Il a un plan pour notre famille. Il pourvoit aux besoins de notre famille. Il est un homme de prière. Il a de grands amis. Il aime Ta Parole. Il donne à Celle-ci la première place dans sa vie. Grâce à cela, il est comme un arbre qui se trouve près d'un cours d'eau, il produit de bons fruits. Il est la lumière du monde. Il est mûr. Il est fort. Il a Ta sagesse, Ta révélation, Ta puissance.

Je crois en Ta parole. Je Te prie pour que mon mari m'aime, aime toute la famille. Il te craint. Il n'est pas paresseux. Il est séduisant, il est en bonne santé. Il est le plus grand professeur. C'est un grand leader. Je me réjouis, Dieu le Père, parce que Ta Parole agit dans notre mariage. Mon mari me sera fidèle. Protège-moi. Je te le demande Père, au nom de Jésus. Amen !

Pureté sexuelle

Il est impératif de parler des relations sexuelles avant le mariage. Dans notre société actuelle, il est normal d'être sexuellement actif avant de se marier, mais la Bible s'y oppose. Dieu veut que nous soyons purs comme Joseph et Marie. En tant que chrétiens, nous ne pouvons pas mener une vie parfaite, mais nous devons avoir une ligne de conduite.

En principe, le sexe est une bonne chose, car c'est Dieu qui l'a créé. Cependant, Il veut que nous ayons des relations sexuelles lorsque nous nous marions. Selon la Bible, toute forme de relation sexuelle avant, en dehors ou en parallèle d'une relation conjugale entre mari et femme est un péché.

La pureté sexuelle signifie s'abstenir de toute forme de sexe avant le mariage. Beaucoup d'entre nous se demandent : est-il possible de vivre dans la pureté sexuelle ? Que devrions-nous faire ? Voici quelques suggestions :

1. Il faut développer des convictions. Il y a une différence entre avoir une croyance et avoir une conviction. Une croyance est quelque chose avec lequel vous êtes d'accord. Une conviction est quelque chose auquel vous croyez au point d'agir en conséquence. Ce que disent les autres n'a pas d'importance. Faites ce qui est juste selon la Parole de Dieu.

2. Réfléchissez aux conséquences possibles de vos actes. Lorsque vous participez à l'immoralité sexuelle,

pensez à la façon dont cela brisera votre communion avec Dieu.

3. Soyez responsable. Demandez aux autres de vous aider à respecter votre engagement envers Dieu. Nous avons tous besoin de personnes à qui nous pouvons vraiment faire confiance et avec qui nous pouvons être à l'aise.

C'est à vous d'arrêter de le faire, ou de continuer. N'oubliez pas que les relations sexuelles avant le mariage ont des conséquences. Il y a de nombreux inconvénients à être sexuellement actif avant le mariage. Les rapports sexuels avant le mariage peuvent conduire à une grossesse non planifiée, ce qui entraîne une probabilité plus élevée d'avortement. Ils peuvent entraîner des infections sexuellement transmissibles. Il peut y avoir un risque accru de problèmes d'identité, de dépression et de relations malsaines. Nous avons été créés pour nous lier à un autre être humain de telle sorte que nous devenions une seule chair pour la vie. Nos hormones nous poussent à entretenir une relation fusionnelle avec notre partenaire. Vivre une vie de pureté sexuelle peut être difficile, mais le jeu en vaut la chandelle !

Comment prévenir le divorce ?

La meilleure façon d'arrêter quelque chose ou de le ralentir est de trouver la source du problème. Le divorce était et est toujours un gros problème dans notre société. Quelles en sont les causes et les conséquences ? Le divorce viole l'union de deux personnes qui se sont unies par le mariage. Il entraîne une séparation du cœur, et toutes sortes de distances. Il est très douloureux. Il est malsain et douloureux. Il cause généralement des dommages aux deux partenaires et c'est encore pire lorsque ceux-ci ont des enfants. Le divorce est stressant. Malheureusement, cela arrive. Le divorce est une vraie tragédie et souvent une perte pour les deux partenaires.

Il y a peu de choses que Dieu dit clairement détester. Le divorce est l'une d'entre elles. Quiconque épouse une femme divorcée commet un adultère. Quelle que soit notre interprétation de la Bible, nous devrions réaliser que toute tolérance que Jésus accorde au divorce est due à la dureté de nos cœurs. Dès le commencement, l'homme devait quitter son père et sa mère et s'attacher à sa femme, et les deux ne feraient qu'une seule chair. Le divorce d'un mari et d'une femme est aussi totalement contre nature que le démembrement d'une personne.

Paul indique nettement que le mariage est une image de la relation de Jésus avec l'Église : à quel moment de l'infidélité le Christ nous répudie-t-il ? Combien de fois avons-nous péché contre lui ? Pourtant, il nous rachète toujours. Ses miséricordes sont renouvelées tous les jours, car sa fidélité est grande.

Le divorce est une tragédie. Lorsqu'il survient, vous êtes tous deux perdants. Vous perdez votre temps, votre argent, vos amitiés. Vous perdez ce que vous avez construit ensemble. Le divorce est terrible. Il vous divise. J'ai vu de jeunes gens se retrouver en prison à cause de la séparation éternelle de leurs parents. Beaucoup de mauvaises choses arrivent parce que certains enfants n'ont pas eu un père ou une mère autour d'eux.

Voici quelques conseils pour prévenir le divorce :

- Assurez-vous que votre fiancé (ée) a la crainte de Dieu.
- Assurez-vous que vous demandez à Dieu s'il/elle est la bonne personne pour partager votre vie, pour ne faire qu'un.
- Assurez-vous que vous partagez la même foi.
- Assurez-vous que la relation a des bases solides.
- Assurez-vous que la relation commence par un amour véritable.
- Assurez-vous qu'il/elle est mature.
- Assurez-vous qu'il/elle n'est pas paresseux(se).

— Assurez-vous qu'il/elle a un but dans la vie.

— Assurez-vous qu'il/elle est respectueux/se.

— Assurez-vous qu'il/elle sait comment communiquer.

— Assurez-vous qu'il/elle sait pardonner.

— Assurez-vous qu'il/elle a une vie ordonnée.

— Assurez-vous qu'il/elle et vous allez dans la même direction.

— Assurez-vous qu'il/elle connaît l'importance de la vie.

— Assurez-vous de lui demander pourquoi il/elle veut être votre conjoint(e).

— Assurez-vous de lui demander pourquoi il/elle vous a choisi(e).

Fidélité

Il est très important d'être fidèle à son (sa) conjoint(e), car Dieu est fidèle à ses promesses. Beaucoup de mariages sont détruits à cause de l'infidélité. Beaucoup d'amitiés se brisent à cause du manque de fidélité. L'infidélité peut entraîner le divorce, la séparation, la souffrance, la division, la confusion, la misère et l'autodestruction.

Dieu veut que nous lui soyons fidèles, et que nous soyons fidèles les uns aux autres. Beaucoup de personnes sont parfois infidèles à leur mari ou à leur femme.

Les conséquences de l'infidélité sont les suivantes :

1. Vous ressentirez de la gêne et de la frustration si votre conjoint(e) est infidèle. Il(elle) n'utilise jamais son téléphone en votre présence. Il(elle) peut éviter de le faire en le mettant en mode silencieux et en l'éloignant lorsqu'il (elle) est avec vous.

2. Vous vous sentirez malheureux(se) parce qu'il (elle) vous a trompé(ée) dans le passé et qu'il pourrait continuer à le faire. Vous ne serez pas heureux (se) si votre conjoint(e) est infidèle.

3. Vous vous sentirez moins valorisé(ée). Les personnes infidèles agissent généralement différemment à votre égard lorsque leurs amis sont présents.

4. Vous manquerez d'argent, car votre conjoint(e) infidèle fera des dépenses qui ne sont pas à votre avantage. Des frais ou des relevés de carte de crédit inexpliqués peuvent témoigner d'une infidélité financière. Cette dernière est un grand facteur de divorce.

5. Il(elle) passe moins de temps avec vous. Vous finirez par vous séparer ou par devenir une personne infidèle, car vous essayerez de passer du temps avec vos amis, vos petites amies ou vos petits amis.

6. Vous pouvez vous sentir offensé(ée), car il(elle) a tendance à apprécier d'autres messages, des commentaires sur ses amis, à publier des photos personnelles. Il (elle) peut écrire des messages que vous n'aimez pas.

7. La technologie facilite l'infidélité, de sorte que beaucoup d'incertitudes peuvent s'infiltrer dans la relation conjugale.

8. L'infidélité conduit l'infidèle à être plus irrespectueux(se) envers vous. Il(elle) peut faire preuve de violence psychologique envers vous. Lorsque votre conjoint (e) vous manque de plus en plus de respect, il (elle) manque de respect à votre mariage.

9. L'infidélité fait disparaître l'intimité. C'est un moment triste lorsque l'attirance sexuelle s'estompe. Si vous constatez que votre conjoint(e) vous repousse constamment dans la chambre à coucher, cela peut être le signe d'une infidélité.

10. Il(elle) ne vous parle plus comme auparavant. L'infidélité émotionnelle est très fréquente en ligne, car elle ne nécessite pas de présence physique.

Notre fidélité est enracinée dans celle de Dieu. Celui-ci tient ses promesses. Je compte sur l'Esprit Saint pour être fiable, car le fruit de l'Esprit est la fidélité. Si je reste fidèle à ma femme et à mes proches, c'est parce que je crains Dieu. Craindre Dieu, c'est apprendre à connaître Sa Parole et la mettre en pratique. Je suis fidèle à ma femme par la grâce de Dieu. C'est pourquoi notre relation se renforce au fil du temps.

La fidélité ne consiste pas à faire quelque chose de bien une seule fois, mais à le faire encore et encore. La fidélité aide à construire le caractère, une bonne réputation et le respect. L'amour inébranlable du Seigneur ne cesse jamais ; ses miséricordes n'ont jamais de fin ; elles se renouvellent tous les jours. Ma prière est que je reste une personne aimante et fidèle. Dieu attend de moi et de vous que nous lui soyons fidèles. J'attends avec impatience d'entendre : «C'est bien, bon et fidèle serviteur ; tu as été fidèle en peu de choses, je te ferai dominer sur beaucoup de choses. Entre dans la joie de ton Seigneur.»

Je veux être toujours fidèle à mon Dieu, et à ma chérie. Je me donne entièrement à ma famille à cette heure et je promets de la garder, de la chérir et de la protéger tous les jours de ma vie. Gloire à Dieu ! Je suis là où je suis parce que j'ai été fidèle à Dieu, à ma famille et à mes amis. Je vous encourage à être fidèle à Dieu et à votre conjoint(e). Je vous garantis que vous ferez l'expérience du vrai soi et de la vraie paix.

Colère

La colère est une émotion créée par Dieu. La colère n'est pas un péché, mais elle peut le devenir. Lorsqu'une personne est en colère, elle peut vouloir se venger. Lorsque quelqu'un te fait du mal ou fait quelque chose d'insensé, tu peux être en colère, mais tu ne dois pas pécher. Lorsque tu as perdu quelqu'un ou quelque chose, tu peux être triste, mais tu peux surmonter ta tristesse. Évite d'être tout le temps en colère, car il y aura des conséquences. Tu dois te maîtriser et être prêt à pardonner. Parfois, il est important de restituer quelque chose à quelqu'un, ou de se réconcilier. Lorsque je suis en colère, je ne prends pas de décisions importantes et je me contrôle rapidement. Je me mets rarement en colère, mais quand je le fais, ce doit être pour une bonne raison. Par exemple, je déteste voir les gens se faire manipuler.

Conséquences d'une colère non maîtrisée

La colère non maîtrisée peut conduire à la dépression, à la détérioration des os, à des modifications chimiques, à la haine, à la perte de temps, à des modifications faciales permanentes, à l'hypertension, à l'insomnie, à l'apathie, à la violence, à la prise ou à la perte de poids, à la mort physique, aux cris, aux vies gâchées, à la séparation, à la libération de toxines, à l'accélération du rythme cardiaque, aux réponses hostiles, aux menaces, à l'augmentation des niveaux d'adrénaline, aux mauvais comportements, à la violence verbale, à de mauvaises actions.

En tant que chrétiens, nous devons contrôler nos langues, et pardonner. Nous devons calmer nos colères. De toute façon, quelqu'un vous fera du mal (votre famille, vos amis, vos collègues de travail, votre patron, les politiciens). Je vous suggère de pratiquer l'art du pardon. Il y a des avantages à le faire. Lorsque vous pardonnez, vous êtes en paix avec Dieu et avec les hommes, et vous êtes en paix avec vous-même. La vie est trop courte pour se mettre en colère tout le temps. Faites la paix avec tout le monde. Lorsque les gens te font du mal, l'amour de Dieu te guérit. Quand on te maltraite, l'amour de Dieu te pardonne.

Le pardon

Définition du mot pardon : le fait de choisir d'obéir à Dieu, de lui prouver son amour, de faire preuve de fermeté et de ne pas avoir de rancune envers qui que ce soit. Donner une seconde chance à l'offenseur.

L'exemple le plus marquant est le pardon de Joseph à ses frères qui l'avaient vendu comme esclave (Genèse 45:1-15), bien qu'il s'agisse sans doute davantage d'une histoire de réconciliation que de repentance et de pardon véritables.

L'un des textes les plus célèbres sur le pardon est la prière de Jésus sur la croix : «Père, pardonne-leur, car ils ne savent pas ce qu'ils font» (Luc 23:34).

Avant de se marier, il est crucial d'apprendre à pardonner, même si vous savez qu'il/elle est la bonne personne. Même si vous n'avez pas encore reçu le don de l'Esprit Saint, vous devez maîtriser l'art du pardon. Nous avons besoin de pardonner tout le temps.

Quand pardonner ? Dès que vous êtes blessé. Combien de fois faut-il pardonner ? Soixante-dix fois sept, c'est-à-dire que vous devez pardonner quatre cent quatre-vingt-dix fois en vingt-quatre heures. Ainsi, ne cessez jamais de pardonner.

Où pardonner ? Vous devez pardonner partout. À la maison, à l'église, à l'école, sur le lieu des jeux, dans la rue, au travail, dans un autre pays, etc.

À qui pardonner ? À tout le monde. À vos amis, à vos ennemis et à votre famille. Aux gens que vous connaissez, à ceux que vous ne connaissez pas.

À combien de personnes pardonnerez-vous ? Il faut pardonner à l'infini.

Est-ce difficile de pardonner ? Oui, en effet, mais le pardon est possible.

Serez-vous fatigué ? Oui, mais demandez à Dieu de vous donner la force de pardonner.

Si quelqu'un vous blesse volontairement, pouvez-vous encore lui pardonner ? Oui.

Si quelqu'un vous fait du mal sans le vouloir, vous lui pardonnerez ? Oui.

Vous devez être fort pour avoir un cœur qui pardonne.

Voici comment pardonner à votre femme, à votre mari, à vos enfants et aux autres :

— Demandez à Dieu de vous montrer les domaines spirituels/émotionnels. Selon 1 Jean 1:9 : «Si nous confessons nos péchés, il est fidèle et juste pour nous les pardonner, et pour nous purifier de toute iniquité.»

— Selon Genèse 3:8-14 ; il y a trois grandes erreurs que nous ne devons pas faire lorsque nous commettons des péchés. 1) Ne pas fuir Dieu, mais courir vers Lui. 2) Ne vous cachez pas de Dieu. 3) Ne justifiez pas votre péché, ne dites jamais que c'est arrivé à cause d'untel ou d'une telle. Assumez l'entière responsabilité de vos actes et demandez pardon. 4) Ne rendez pas les autres responsables de vos propres péchés, laissez le Saint-Esprit vous convaincre.

— Nous choisissons de pardonner parce que Dieu nous l'ordonne. Selon Éphésiens 4:32 : «Soyez bons les uns envers les autres, compatissants, pardonnez-vous mutuellement, comme Dieu en Christ vous a pardonné.»

— Priez pour avoir la force de pardonner et priez pour votre agresseur. Selon Matthieu 5:43-44 : «Vous avez appris qu'il a été dit : "Tu aimeras ton prochain et tu haïras ton ennemi. Mais moi, je vous dis : aimez vos ennemis, bénissez ceux qui vous maudissent, faites du bien à ceux qui vous haïssent, et priez pour ceux qui vous maltraitent et vous persécutent.»

— Jésus-Christ est l'exemple parfait que nous devons suivre. Selon Luc 23:33-34 : «Lorsqu'ils furent arrivés au lieu appelé Calvaire, ils le crucifièrent là, ainsi que les malfaiteurs, l'un à droite et l'autre à gauche. Alors Jésus dit : ' 'Père, pardonne-leur, car ils ne savent pas ce qu'ils font.' ' Et ils se partageaient ses vêtements en tirant au sort.' '

— Si tu te concentres sur le pardon de Dieu, tu seras capable de pardonner à ta famille et aux autres. Selon Matthieu 18 :21-23 : «Alors Pierre s'approcha de Lui et dit : Seigneur, combien de fois pardonnerai-je à mon frère lorsqu'il péchera contre moi ? Jusqu'à sept fois ? Jésus lui répondit : Je ne te dis pas jusqu'à sept fois, mais jusqu'à soixante-dix fois sept fois. Par conséquent, le royaume des cieux est semblable à un certain roi qui voulait régler ses comptes avec ses serviteurs.»

— Pardonnez à votre famille et aux autres par la foi. 2 Corinthiens 5:7. «Car nous marchons par la foi, et non par la vue.»

— Utilisez la Parole de Dieu au lieu des pensées coléreuses. Pardonnez à votre famille et aux autres.

— Comptez sur le Saint-Esprit, il vous aidera à pardonner à votre famille et aux autres. Selon 2 Corinthiens 12:9 : «Et il m'a dit : Ma grâce te suffit, car ma force s'accomplit dans la faiblesse. Je me glorifierai donc bien plus volontiers de mes faiblesses, afin que la puissance de Christ repose sur moi.»

— Ne vous vengez pas, acceptez ce que vous ne pouvez pas changer. Selon Exode 14:14 : «Le Seigneur combattra pour toi, et toi, garde le silence.»

Dieu nous a pardonné. C'est difficile de pardonner, mais si vous avez l'amour de Dieu, vous finirez par le faire. Vous serez blessé par votre famille, vos amis et d'autres personnes. Demandez à Dieu de vous montrer comment pardonner, puis mettez cela en pratique. Vous avez peut-être été blessé des milliers de fois, mais vous pouvez être guéri, alors tournez-vous vers Dieu pour obtenir la guérison. Si vous sentez que vous ne pouvez pas pardonner, pardonnez simplement, car Dieu est amour. Il pardonne tous les jours, tout le temps, à tout le monde.

Vous devez également apprendre à vous pardonner à vous-même. Nous faisons tous des erreurs, alors ne continuez pas à vivre dans la culpabilité. Vous devez aller de l'avant. Lorsque vous désobéissez à Dieu, vous péchez contre Lui. Demandez à Dieu de vous pardonner, et il le fera. Après avoir reçu le pardon, vous devez vous pardonner à vous-même et vous mettre en règle avec Dieu.

ÉLEVER DES ENFANTS PIEUX

Quel est l'âge idéal pour commencer à apprendre aux enfants à aimer Dieu ?

Tout d'abord, vous devez établir des bases solides pour votre famille. La prière en est la clé. J'ai commencé à prier pour ma fille avant sa naissance. Seigneur, bénis Hannah. Donne-lui un cœur qui Te suit. Dirige les pas d'Hannah et guide-la vers l'avenir que Tu lui réserves.

Pendant que l'enfant est dans le ventre de sa mère, chantez-lui une bonne chanson sur la grandeur et la bonté de Dieu. Chantez Alléluia ! Que notre Dieu est grand ! La victoire appartient à Jésus ! Son amour est puissant. Je loue Dieu avec ma femme pour notre formidable fille. Lisez la Parole de Dieu avec votre épouse pendant que votre enfant est dans le ventre de cette dernière. Remerciez Dieu pour ce merveilleux cadeau. Je demande à Dieu de donner à Hannah la force de défendre ce qui est juste. Que Dieu donne à ma fille un esprit et un cœur qui lui restent fidèles tous les jours de sa vie. Donnez de bons noms à vos enfants. Un bon nom témoigne de votre intégrité. Il s'agit donc de votre réputation et du caractère que vous avez en vous. Si vous n'êtes plus un esclave du diable, votre nom a changé. Celui de Paul, par exemple. Un bon nom assure la stabilité. Il est éternel. Un bon nom apporte la faveur de l'amour. «Il faut choisir un bon nom plutôt que de grandes richesses, une faveur bienveillante plutôt que l'argent et l'or.»

Nous avons tous des besoins. Par exemple, l'enfant en bas âge a besoin de contact physique. Les tout-petits ont besoin de sécurité émotionnelle, puis de confiance, d'une image positive d'eux-mêmes, d'un but, de détermination, d'objectifs et de priorités. Lorsque vous devenez une personne âgée, vous avez besoin de santé physique, de sécurité financière, d'affirmation émotionnelle, d'amour de la part de vos enfants, petits-enfants, de respect, de soins.

Lorsque j'étais enfant, j'ai appris à dire s'il vous plaît, "bonjour" à mes parents, à mes frères et sœurs et à tous les membres de la famille. J'ai appris à dire merci, et à respecter tout le monde. J'ai demandé la permission à mes parents avant de sortir avec des amis. J'ai appris à saluer tout le monde en souriant. J'ai appris à respecter les gens pour ce qu'ils sont, et non pour ce qu'ils ont. À l'église, on m'a appris à aimer tout le monde. J'ai appris à faire un câlin à mes parents avant de quitter la maison et à les embrasser à mon retour. J'ai appris à cuisiner, à ranger ma chambre, à porter des vêtements propres et soignés. J'ai appris que le meilleur moyen de changer ma situation actuelle est ma foi en Dieu et en l'éducation. Cette dernière est la clé de la réussite. Au moment où j'ai accepté Jésus dans ma vie, j'ai appris que tout est possible pour ceux qui croient en Dieu. J'ai appris à taper à la machine et à jouer de la trompette. J'ai appris à utiliser un ordinateur, à prendre des photos et à jouer au football. J'ai appris à écrire des poèmes. J'ai participé à de nombreuses activités positives pour les jeunes. J'ai eu la chance d'être le président du groupe de jeunes de l'église que je fréquentais. J'ai participé à de nombreuses conférences et séminaires tout au long de ma vie. J'ai fait beaucoup d'erreurs ; j'ai appris d'elles et j'ai grandi. Grâce à la sagesse, je me rends compte qu'il est préférable d'apprendre des erreurs des autres, et non uniquement des miennes. La maturité résulte de la sagesse. J'ai appris à respecter l'onction des chefs spirituels, des autorités que Dieu a mises dans ma vie. Dieu le Père, que cette génération et les suivantes aient de bons principes au nom de Jésus, Amen ! Je transmettrai toutes ces bonnes manières à ma fille. Je vous encourage à élever vos enfants selon la Parole de Dieu.

Sachez que les enfants sont un héritage du Seigneur. Le fruit de Ses entrailles est une richesse.

Réjouissez-vous dans la joie de Son amour irrésistible, et votre bébé ressentira la grâce de notre Seigneur aimant. Pendant que le fœtus est alimenté dans le ventre de sa mère, nourrissez-le spirituellement par la foi. Commencez à enseigner vos enfants très tôt, car il n'est jamais trop tôt pour commencer à les enseigner.

Et il n'est jamais trop tard pour commencer à les enseigner.

Lorsque votre bébé est né, décrétez la Parole de Dieu sur sa vie. Souriez à votre bébé, touchez-le, nourrissez-le, prenez soin de lui. Passez du temps avec votre bébé. Même si celui-ci a été couvert par le sang de la maman, il devrait être couvert par celui de Jésus. Enseignez à votre bébé de bonnes actions, de belles images et de bons sons.

Les enfants ne veulent pas que vous leur disiez toujours ce qu'ils doivent faire. Montrez-leur ce qu'ils doivent faire. Il faut un village pour élever un enfant intelligent, mais les parents doivent être le premier village. Celui-ci doit être bien organisé. Mais fondamentalement, il faut des parents pieux pour élever des enfants pieux. La Bible dit clairement que nous devons leur enseigner la Parole de Dieu dès leur plus jeune âge, afin que, lorsqu'ils grandissent, ils vivent selon ce qui leur a été enseigné. De nos jours, les valeurs familiales sont en déclin, c'est pourquoi nous devons les protéger. Demandez à Dieu la sagesse d'élever vos enfants selon Sa Parole pour obtenir les meilleurs résultats et être bénis. Élevez vos enfants non seulement pour qu'ils deviennent de grands citoyens ou de grands parents, mais aussi de grands hommes et de grandes femmes de Dieu. Apprenez à vos enfants à transmettre vos valeurs de génération en génération. Celles de votre famille. La Parole de Dieu ne changera pas.

Apprenez à vos gamins à aimer Dieu. Faites-leur savoir que la puissance de Dieu est en eux. Apprenez-leur à prendre parfois des décisions difficiles. Laissez-les apprendre des erreurs des autres. Laissez-les commettre des erreurs eux aussi, afin qu'ils puissent en tirer des leçons. Par exemple, donnez-leur des mangues et demandez-leur de choisir la meilleure, ou la plus grosse. Demandez-leur quelles sont leurs couleurs préférées et pourquoi ?

Apprenez-leur à craindre Dieu, à dire oui ou non, à montrer du respect, à partager, à avoir de la sagesse et de la compréhension. Enseignez-leur à comprendre avant d'agir, de signer quelque chose, d'obéir, de donner, d'économiser, de dépenser… Le temps est important. Vous ferez toujours des erreurs, mais apprenez toujours d'elles. Apprenez à vos enfants à travailler dur et intelligemment, et à être productifs. Enseignez-leur à avoir de grands objectifs, à être disciplinés, à être honnêtes. Apprenez-leur à être propres. Apprenez-leur à être satisfaits et reconnaissants pour tout ce que Dieu leur a donné.

Apprenez à votre enfant à marcher par la foi. Montrez-lui l'importance de manger sainement, de faire de l'exercice et de s'appuyer sur la Parole de Dieu. Enseignez-lui la nécessité d'avoir une bonne éthique de travail. Faites-lui écouter de la musique qui l'encourage. Enseignez-lui le pardon, la responsabilité, la discipline et la paix. Il doit apprendre à être respectueux, à donner, à aimer ; à être honnête, à avoir confiance en Dieu. La seule façon de rester fidèle à Dieu est d'avoir Sa crainte. J'ai vécu loin de ma famille, parce que je crains Dieu. Je suis conduit par le Saint-Esprit. Je reste humble. Dieu contrôle ma vie.

Apprenez à vos enfants à ne pas voler. S'ils étudient, travaillent, font des affaires, ils peuvent gagner ce qu'ils veulent.

Enseignez à vos enfants quand il faut dire oui ou non. Priez, pensez aux conséquences de vos actes, réfléchissez avant de parler. Lorsque vous dites oui, vous devez vous engager à respecter votre parole.

Si vous ne pouvez pas respecter votre promesse, vous devez dire non. Si vous savez qu'une offre n'est pas bonne, vous devez dire non. Vous dites oui à Jésus et vous dites non au Diable.

De nos jours, il est difficile d'élever de bons enfants à cause des problèmes sociétaux. Mais il est possible de le faire si vous vous y prenez tôt. Tout d'abord, priez pour eux. Apprenez à être un bon parent en suivant des cours sur les enfants. Achetez un bon livre. Demandez la sagesse de Dieu. Donnez à vos enfants ce dont ils ont besoin, et non ce qu'ils veulent. Soyez un bon exemple, prenez soin d'eux. Ce qui est plus important encore, vous devez savoir que vos enfants sont un don de Dieu, c'est-à-dire que vous devez bien les traiter. Élevez-les selon la Parole de Dieu. Dieu aime les enfants.

Voici quelques leçons/thèmes à enseigner à votre enfant :

1. Le christianisme

Beaucoup de gens sont confus. Ils pensent que le christianisme est une religion. Il ne s'agit pas d'une religion, mais d'une relation avec le Christ. Chacun des membres de la famille doit avoir une relation personnelle avec Dieu. Chacun d'entre eux doit accepter l'amour de Jésus. Dieu veut que nous soyons plus proches de Lui.

2. Que pouvons-nous apprendre dans la Bible sur Dieu ?

Nous pouvons apprendre son amour, sa souveraineté, sa transcendance, son omnipotence, sa fidélité, sa bonté, sa sainteté, son omniprésence. Grâce à la Bible, nous pouvons aussi apprendre à respecter Dieu, à le craindre et à l'imiter en tant que travailleur acharné.

— Amour : Dieu est amour. Aimez votre Dieu, aimez-vous vous-même et aimez votre prochain.
— Souveraineté : Dieu a le contrôle de tout, il règne pour toujours.
— Transcendance : Toute chose est sous le contrôle de Dieu. Celui-ci ne dépend de personne.
— Omnipotence : Dieu est tout-puissant. Dieu peut tout faire, mais il y a une chose qu'il ne

peut pas faire. Il ne peut pas mentir. Il a le pouvoir sur le vent, l'eau, la gravitation, la physique, etc. La puissance de Dieu est infinie, ou sans limites.

— Fidélité : Dieu est digne de confiance. Apprenez à vos enfants à lui faire confiance.

— Bonté : Dieu est bon en tout temps. Dieu est la mesure de ce que nous appelons le bien. Il est bon de pratiquer le bien.

— Sainteté : il est impossible à Dieu de pécher.

— Omniprésence : Dieu est partout. Il ne faut pas avoir peur.

— Respect : obéir à Dieu est une preuve de respect.

— Crainte de Dieu : la sagesse est à l'intérieur de nous-mêmes. Augmentons nos connaissances.

— Travailleur : Dieu est un esprit qui bouge. Apprenez à vos enfants à travailler pour Son royaume.

Que personne ne méprise votre jeunesse, mais soyez un exemple pour les croyants en parole, en conduite, en amour, en esprit, en foi et en pureté.

— Patience : Vous devez apprendre à vos enfants à être patients. La patience est une vertu. Un moment de patience peut éviter un grand désastre.

En revanche, un moment d'impatience peut ruiner une vie entière. Je vous encourage vivement à prier, à croire pour tout ce dont vous avez besoin. Parfois, il faut prendre les escaliers pour monter. Parfois, il faut prendre un ascenseur.

Nous devons apprendre à nos enfants à manger de la vraie nourriture. Pas de malbouffe. Pas d'aliments transformés. Rien que des aliments nutritifs.

Voici une bonne prière quotidienne à lire à votre enfant :

Père Dieu, au nom de Jésus, je confesse de ma bouche : j'ai foi en Ta Parole, que ma fille (écrivez ici le nom de votre fille) apprenne du Seigneur, qu'elle fasse confiance à Dieu, qu'elle obéisse à la Parole de Dieu, qu'elle ait la paix, qu'elle ait de bons amis, qu'elle dise la vérité, qu'elle ait un esprit sain et qu'elle soit forte. Je te remercie de ce que ma fille (écrivez son nom ici) nous obéira, à moi et à ma femme, et qu'elle nous honorera. Elle vivra longtemps sur cette terre comme tu l'as promis.

Je crois que Ta Parole est vraie. Je crois fermement que ma fille (écrivez son nom ici) fera de Jésus le Seigneur de sa vie, car Tu as dit : «Si tu crois au Seigneur Jésus-Christ, tu seras sauvé ainsi que ta maison.»

Je Te confie le soin du bien-être de ma fille, de son esprit, de son âme et de son corps.

Je Te donne la gloire. Je crois que Tu vas accomplir Ta Parole sur ma vie, mes enfants au nom de Jésus, amen !

Voici une bonne prière que les enfants peuvent faire en faveur de leurs parents :

Dieu le Père, je prie et je crois que mes parents T'aiment, s'aiment mutuellement, s'aiment entre eux pour pouvoir nous (m') aimer. Je demande que Tu leur permettes de faire preuve de sagesse et de sens de discernement dans leurs relations avec Toi et entre eux. Je prie et je crois que le fruit de Ton Esprit est visible dans leur vie, et que leur attitude est positive envers Jésus-Christ. Je prie et je crois que le mariage de mes parents se caractérise par un amour constant et désintéressé et par un respect profond et sincère l'un envers l'autre. Je prie et je crois que mes parents ne sont pas paresseux. Donne-leur de la force et renouvelle leur énergie. Ainsi, ils seront forts. Je demande que Tu pourvoies aux besoins de mes parents selon la richesse de ta gloire. Je prie pour que mes parents soient le sel et la lumière partout où ils se trouvent. Je prie et je crois que mes parents Te reconnaissent comme la source de leur sécurité. Je prie et je crois que mes parents ne nous négligeront jamais, ne nous abandonneront jamais. Je déclare que mes parents auront du temps pour nous, nous verront grandir selon la Parole de Dieu, et nous élèveront selon Ta Parole, amen !

ÉCRITURES SUGGÉRÉES

Gen. 2:18

Matt. 19:5

Éphésiens 5:22-29

1 Cor. 5:1

1 Corinthiens 7:8-9

Gen.2

Matthieu 19

Malachie 2:16

Marc. 10:11

Luc. 16:18

Matthieu 19:9

Éphésiens 4

Lamentations 3

Matthieu 19:6

Luc 1:44

Matthieu 25:21

Hébreux 11:11

Lamentations 3:22-23

Proverbes 22:6

Proverbes 29:17

Ephésiens 6:2-3

Éphésiens 6:1

Genèse 1:1

Romains 1:20

Psaumes 19:1-2

Matthieu 1:21-23

Hébreux 13:8

1 Jean 4:7

Éphésiens 1:21

Luc 1:37

Deutéronome 7:9

Exode 15:11

1 Timothée 4:12

Jacques 1:5

Proverbes 3:23

Romains 12:2

Proverbes 20:7

Matthieu 5:13-14

Proverbes 3:3-4

Luc 6:38

Philippiens 4:19

Éphésiens 3:20

2 Corinthiens 9:8

2 Thessaloniciens 3:13

Esaïe 40:28-31

Ésaïe 41:10

Éphésiens 5:33

Éphésiens 6:1-4

Galates 5:23-23

Proverbes 17:22

Michée 6:8.

ÉCRITURES POUR DES ENFANTS PIEUX

Il vous connaît par votre nom. Esaïe 43:1

Il pense à vous. Psaumes 139:16-17

Il se battra pour toi. Exode 14:14

Il est ton refuge. Psaumes 62:6-8

Il a un plan pour toi. Jérémie 29:11

Il est toujours avec toi. Matthieu 28:20

Il tient ses promesses. Josué 21:45

La Parole de Dieu est entièrement vraie. Jean 17:17

Dieu ne ment pas. Nombres 23:19

Dieu ne change jamais dans son être. Hébreux 13:8

Dieu ne change jamais d'avis. Nombres 23:19

Dieu est infiniment sage. Romains 11:33 ;

Apocalypse 15:3 Dieu est fidèle. 1 Corinthiens 10:13

Dieu est infiniment aimant. 1 Jean 4:8

Dieu a donné son Fils pour nous. Romains 5:8

Dieu est complètement juste. Deutéronome 32:4

Dieu te rendra semblable à Jésus. Philippiens 1:6

Dieu est infiniment bon. Psaume 34:8

Dieu est toujours bon envers ses enfants. Jean 10:11

Dieu ne vous abandonnera jamais. Deutéronome 31:6

Dieu prend soin de vous. 1 Pierre 5:7

Dieu ne vous laissera jamais partir. Psaume 55:22

Dieu est avec vous. Josué 1:9 ; Ésaïe 43:2

TROISIÈME PARTIE : VOTRE COLLECTIVITÉ

COMMENT CHOISIR UNE BONNE ÉGLISE ?

L'Église est une famille. La tête et le corps de cette dernière sont respectivement représentés par Jésus et l'Église. Il est important de fréquenter une bonne église avec ta famille. Tu ne choisis pas une assemblée parce qu'elle est la plus proche de chez toi, ni parce qu'elle est composée de Noirs, de Blancs, de Jaunes ou de Bruns, mais parce que c'est l'église du Saint-Esprit. Tu pries et tu fais confiance à Dieu pour choisir une grande église. Cette dernière n'a pas besoin d'être parfaite. Les assemblées parfaites n'existent pas. Mais il faut être en mesure d'identifier les signes d'une grande église. Vous verrez que l'amour de Dieu règne parmi les croyants qui la fréquentent. La louange et l'adoration vous élèvent au sein de cette église. Vous y verrez une grande harmonie entre ses membres. Ses leaders sont connectés les uns autres. Une grande Église s'implique dans l'évangélisation du monde. La

Parole vivante de Dieu y est prêchée en permanence. Le Saint-Esprit y est accueilli. Une bonne église offre aux jeunes, aux enfants des formations adaptées à tous les âges. Ils étudient la Bible, prient et rendent service à la communauté. Vous avez besoin d'une église fondée sur la foi.

Nous allons à l'église pour grandir spirituellement. Dieu fait régner la solidarité au sein des familles pour qu'elles soient soutenues socialement et émotionnellement. La croissance est un processus lent, mais restez attaché à votre église pour que vous grandissiez. Il est important de prier pour votre pasteur et vos dirigeants. Impliquez-vous dans une activité, encouragez votre pasteur. Soyez fidèle dans les domaines de l'assistance, des finances et des services. Jésus allait à la synagogue chaque semaine.

Je crois en Dieu le Père, en Jésus-Christ et au Saint-Esprit. Je crois en la Parole vivante de Dieu, qui est la Bible. La Sainte Bible inspirée de Dieu est mon livre préféré. Je me réjouis d'être un chrétien, un disciple du Christ. Je ne regretterai jamais d'avoir accepté Jésus-Christ comme mon Seigneur et Sauveur.

Le christianisme est ma religion.

Toute église qui croit en la puissance du Saint-Esprit, qui prêche la Parole vivante de Dieu, qui prêche l'amour - pentecôtiste, non confessionnelle - est proche de chez moi. Chez moi, en Haïti, la plupart des gens pratiquent le vodou. Je ne reconnais pas cette religion. Je suis reconnaissant envers Dieu.

Jésus est le seul patron de la vraie église. Il en est la tête. Il est digne de confiance. Toutes les autres personnes qui disent être les patrons de l'Église ont besoin de Jésus.

Je me vois éduquer ma famille au sein de l'Église que je fréquente. Mon pasteur y enseigne, y prêche l'amour et la foi selon la Parole de Dieu.

Une bonne église peut être bénéfique pour la communauté. J'ai été impliqué dans de nombreuses communautés en Haïti et aux États-Unis. Les chrétiens, en raison de leur rédemption par le sang du Christ, ne sont pas des citoyens du système mondial. Mais nous sommes dans le monde. Nous en sommes le sel et la lumière ; nous sommes les ambassadeurs du Christ. S'engager dans la communauté, c'est atteindre notre communauté par cette bonne nouvelle, en utilisant les moyens disponibles et légitimes. Je m'implique dans la communauté pour mieux représenter Jésus et faire connaître son nom dans un esprit d'amour.

Voici quelques activités que j'ai planifiées et réalisées, activités pour lesquelles j'encourage les autres à faire de même : aide aux sans-abri, refuge pour femmes, nettoyage de la communauté, lavage de voitures. De plus, j'ai organisé une conférence, des événements spéciaux, un barbecue communautaire, des activités amusantes pour les enfants, j'ai visité des maisons de retraite, j'ai apporté mon aide, j'ai mis mes capacités et mes talents au service des autres, j'ai fait du sport, j'ai nettoyé la neige pour les personnes âgées.

L'EFFET DES RÉSEAUX SOCIAUX

Selon Wikipédia, les réseaux sociaux sont par nature des réseaux informatiques, qui relient les personnes, les organisations et les connaissances. Les services de réseaux sociaux varient en fonction du format et du nombre de fonctionnalités. Ils peuvent intégrer une gamme de nouveaux outils d'information et de communication, fonctionnant sur des ordinateurs de bureau et des ordinateurs portables, sur des appareils mobiles tels que les tablettes et les smartphones. Ils peuvent proposer le partage de photos/vidéos numériques et la journalisation en ligne.

De nos jours, beaucoup de gens ont accès à l'internet. Je me connecte à l'internet, tout comme les enfants, les adolescents, les jeunes adultes et les personnes âgées. Il est donc crucial d'en parler à vos enfants, de leur apprendre à utiliser cet outil à bon escient. Les réseaux sociaux ont des aspects positifs et négatifs dans notre vie quotidienne. Êtes-vous inquiet? Avez-vous eu de mauvaises expériences en l'utilisant? Pouvez-vous faire confiance aux médias en ligne? Savez-vous comment les utiliser? Passez-vous trop de temps en ligne?

Si vous êtes dépendant de l'internet : vous vivrez sans honneur, sans humanité, sans compassion, sans dignité, sans respect, sans scrupule, sans caractère, sans modestie et sans amour. Cependant, si vous savez comment l'utiliser et l'utiliser à bon escient, cela peut être merveilleux.

Il est important d'utiliser l'internet à bon escient. Je l'utilise pour obtenir les informations dont j'ai besoin. L'internet est un outil formidable qui nous permet d'avoir des informations sur ce qui se passe dans le monde.

J'aime l'éducation. J'utilise l'Internet pour accroître mes connaissances, car je sais que la connaissance donne le pouvoir. J'ai utilisé l'internet pour approfondir certains des cours que j'ai suivis à l'Université. Cependant, je limite mon temps de connexion. J'ai appris de nombreuses façons de faire de l'exercice, de perdre du poids, d'être en bonne forme grâce à des vidéos sur YouTube.

J'utilise l'internet pour communiquer avec mes parents et amis à l'étranger. Je me souviens que lorsque j'étais très jeune, il fallait des mois pour recevoir une lettre ou une cassette de quelqu'un, mais maintenant l'internet facilite la communication. J'utilise le courrier électronique, j'envoie des textos, je fais des FaceTime et je passe des appels téléphoniques. J'utilise l'internet pour partager des photos et des vidéos avec ma mère (qui vit à l'étranger), mes amis et mes proches.

J'utilise très souvent le GPS, surtout à New York. J'utilise Waze la plupart du temps, car il me permet d'éviter de perdre du temps. Il me permet de trouver d'autres itinéraires en cas d'accident ou de construction routière.

J'utilise l'internet pour mes opérations bancaires, pour payer mes factures et pour faire des achats. Je n'ai pas besoin d'aller à la banque pour vérifier mon compte. Je le consulte simplement sur mon téléphone. C'est assez pratique. Je vais utiliser l'internet pour vendre mon livre et gagner de l'argent. Vous n'aurez pas besoin d'être aux États-Unis pour obtenir mon livre. Vous pourrez l'obtenir où que vous soyez dans le monde.

Je ne travaille pas à domicile, mais j'ai des amis qui utilisent l'internet pour travailler à domicile. J'ai fait des dons en ligne pour de bonnes causes. Parfois, j'utilise l'internet pour me divertir. Je l'utilise pour stocker des photos, des vidéos et des notes.

Cependant, vous en faites un mauvais usage lorsque vous communiquez avec des inconnus pendant une longue période, lorsque vous regardez en permanence les messages des autres ou lorsque vous regardez des vidéos violentes. Il n'est pas bon d'être sur Internet à l'heure où l'on est censé être au lit. L'internet est formidable, mais vous ne pouvez pas en faire une priorité dans votre vie.

C'est bien d'avoir des amis sur Facebook, vous pouvez en trouver quelques-uns qui sont bons, mais vous avez aussi besoin de vrais amis. Les amis avec lesquels vous pouvez jouer au football et au basket-ball, et non ceux avec lesquels vous ne pouvez jouer qu'à des jeux vidéo en ligne. Tu dois faire attention à ne pas passer trop de temps en ligne, car les appareils peuvent devenir des idoles.

Les smartphones sont merveilleux. Nous les utilisons pour communiquer, pour la localisation GPS, pour regarder des vidéos, pour faire des Face Time, pour écouter de la musique, pour regarder la télévision, comme une horloge, pour prendre un Uber, pour commander en ligne, etc. Avec votre smartphone, le monde est dans votre main. Mais avec ce même smartphone, vous êtes dans la main du monde. Les téléphones peuvent être à l'origine de divorces, de séparations, de dépendances, de mauvaises influences et de lavages de cerveau.

L'utilisation de votre téléphone au volant n'est pas souhaitable, car elle peut entraîner la mort. Veuillez conduire avec les mains libres. N'envoyez pas de SMS en conduisant, car c'est dangereux. Votre vie est précieuse, tout comme celle des autres.

Selon une étude du Dr Christopher Starr, professeur associé au département d'ophtalmologie au Weill Cornell Medical College de New York, l'utilisation prolongée du téléphone n'est pas bonne pour la santé. Ce n'est pas une bonne idée de placer votre téléphone près de votre tête pendant votre sommeil. N'utilisez pas trop l'écran, car cela pourrait affecter votre vision. Les téléphones dérangent parfois. La technologie devient une grande tentation, voire une dépendance pour de nombreuses personnes. La technologie peut vous aider à devenir célèbre, mais elle peut aussi détruire votre vie en une fraction de seconde.

Évitez de publier des photos inappropriées ou de mauvais messages sur Facebook. Tout ce que vous publiez est conservé à jamais et peut voyager dans le monde entier. N'oubliez pas que tous les amis Facebook ne sont pas de vrais amis. Si vous prévoyez d'aller sur ce réseau social, limitez le temps que vous y passerez.

Même si Facebook est un bon moyen de se connecter et de se reconnecter, il est plus intéressant de passer du temps avec votre famille et vos amis que d'envoyer des SMS ou de téléphoner. En fait, la technologie est merveilleuse. Mais j'encourage tout le monde à l'utiliser à bon escient : vous en tirerez davantage de bénéfices.

Comment se fait-il que certaines personnes passent beaucoup de temps sur des réseaux sociaux comme Facebook, Instagram, Twitter, WhatsApp, MySpace, tout en se sentant seules ? Comment se fait-il que de nombreuses personnes passent du temps avec leur famille, leurs amis et se sentent quand même seules ?

Les interactions avec les autres sont significatives. Par ailleurs, les vérités de l'Écriture affirment que les chrétiens ne sont, en fait, jamais seuls. Les dernières paroles de Jésus dans l'Évangile de Matthieu attestent de sa présence parmi nous. «Je suis avec vous tous les jours, jusqu'à la fin du monde» , dit-il. Les croyants peuvent trouver du réconfort auprès de leurs coreligionnaires. Ils ont également la possibilité de s'encourager mutuellement, en rappelant qu'en Christ, nous ne sommes jamais seuls.

Les chrétiens peuvent utiliser les plateformes de médias sociaux, car elles peuvent être bénéfiques et agréables, mais à condition qu'elles soient utilisées de manière à honorer Dieu, à éduquer les gens, à encourager vos amis et votre famille. Malheureusement, de nombreuses personnes les utilisent pour faire du mal, pour détruire les autres. Lorsque vous utilisez les médias sociaux, ne vous isolez pas.

Les mots comptent. Les médias sociaux sont un moyen pour communiquer avec les autres. La Bible ne dit peut-être pas grand-chose sur Internet, mais elle en dit beaucoup sur la communication. De nombreuses personnes utilisent leurs mots pour encourager les internautes à voir le bon côté de la vie. Mais certaines d'entre elles utilisent l'internet sans réfléchir, en utilisant des mots inappropriés.

En tant que chrétien, il est normal de poster quelques photos en ligne, mais je vous suggère de vous habiller décemment, avec modestie. Colossiens 3:12 : «Ainsi donc, comme des élus de Dieu, saints et bien-aimés, revêtez-vous de compassion, de bonté, d'humilité, de douceur et de patience.» 1 Corinthiens 12:23 : «et ceux que nous estimons être les moins honorables du corps, nous les entourons d'un plus grand honneur. Ainsi nos membres les moins honnêtes reçoivent le plus d'honneur.» Romains 12:1 : «Je vous exhorte donc, frères, par la miséricorde de Dieu, à offrir votre corps en sacrifice vivant et saint, agréable à Dieu, ce qui constitue votre culte spirituel.» 1 Corinthiens 6:19-20 :

«Ne savez-vous pas que votre corps est le temple du Saint-Esprit qui est en vous, que vous avez reçu de Dieu, et que vous ne vous appartenez point à vous-mêmes? Car vous avez été rachetés à un grand prix. Glorifiez donc Dieu dans votre corps et dans votre esprit, qui appartiennent à Dieu.»

Un jour, vous serez déconnecté des médias sociaux, de votre famille, de vos amis, de ce monde. Cependant, en tant que chrétien, Jésus sera toujours connecté avec vous. Ainsi, tout en étant connecté aux médias sociaux, restez connecté avec Jésus.

ÉCRITURES SUGGÉRÉES

Psaumes 92:13

Josué 1:8

1 corinthiens 12:12

Proverbes 29:18

Luc 4:16

Psaumes 34:11

Proverbes 18:1

Proverbes 18:2

Proverbes 18:6-7

Proverbes 18:3

Proverbes 10:31-32.

Jacques 1:5

Proverbes 3:23

Romains 12:2

Proverbes 20:7

Matthieu 5:13-14

Proverbes 3:3-4

Luc 6:38

Philippiens 4:19

Éphésiens 3:20

2 Corinthiens 9:8

2 Thessaloniciens 3:13

Ésaïe 40:28-31

Ésaïe 41:10

Éphésiens 5:33

Éphésiens 6:1-4

Galates 5:23-23

Proverbes 17:22

Michée 6:8.

Matthieu 18:18

Romains 10:9-10

Luc 10:2

Jérémie 1:12

Actes 6:10

Éphésiens 1:17-18

Proverbes 19:18

Hébreux 6:18 , Jérémie 31:16-17

Colossiens 3:20-21/

Tite 2:3-5

1 Pierre 3:1-9

Proverbes 5:15-20

Psaumes 1:1-3

Éphésiens 5:28

Colossiens 3:18-19

Cantique de Salomon 1:2

Matthieu 18:20

Actes 1:14

Actes 4:24

Actes 12:12

Néhémie 8:6

Jean 17:20-23

Hébreux 5:7

Luc 3:21

Marc 1:35

Jean 17:20

Jean 8:24

Jean 3:16

Jean 5:24

Romains 3:23

Romains 5:8

Romains 6:4

Psaumes 51:7

2 Pierre 3:18

Apocalypse 2:10

CONCLUSION

Je crois fermement que mon témoignage constituera une bénédiction pour des millions de personnes. Je l'ai fait pour la gloire de Dieu. Des gens ordinaires qui servent un Dieu extraordinaire influencent le monde avec passion.

Je suis né et j'ai grandi à Grand-Goâve (Haïti). Je ne suis pas né dans une famille chrétienne. Mon père était un prêtre vodou. Mon grand-père paternel, Étienne Thomas, était un pratiquant du vodou. J'ai vu mon père, mes oncles et mes tantes pratiquer le vodou et vénérer les mauvais esprits.

l'origine, nous n'avions pas de vodou en Haïti. Les bases du vodou sont les religions tribales d'Afrique de l'Ouest, apportées en Haïti par les esclaves au XVIIe siècle. Ces derniers pratiquaient le vodou à Saint-Domingue (ancien nom d'Haïti) pendant la période coloniale française. Sous l'administration présidentielle de Jean Bertrand Aristide, le vodou est devenu une religion en Haïti, et il y est encore largement pratiqué aujourd'hui. Mon père a eu plusieurs femmes qui lui ont donné beaucoup enfants. Mon père terrestre avait un plan pour que j'adore le mauvais esprit. Mais Dieu avait un plan pour que je n'adore que Lui et personne d'autre. Alors, j'ai dit 3 mots simples : «Oui à Jésus.» Samuel Attis et moi sommes amis depuis plus de 25 ans. Il avait l'habitude de m'inviter à l'église, où j'ai commencé à assister à l'école du dimanche. Sœur Léa avait l'habitude d'enseigner et de partager des histoires bibliques. J'aimais lire les histoires de la Bible quand j'avais six ans. J'ai été converti à l'âge de 10 ans. Après quoi j'ai été persécuté, mais j'ai continué à prier et à lire la Parole de Dieu. Après quelques années, ma mère a été convertie. Certains de mes frères et sœurs l'ont suivie. J'ai été baptisé dans l'eau, puis plus tard, j'ai été baptisé par l'esprit de Dieu à Katy, au Texas.

Mon père a commencé à tomber malade avant que je ne finisse le lycée. Cependant, j'ai fait confiance à Dieu pour la suite de mes études. Celui-ci a fait en sorte que je puisse fréquenter des universités privées et l'Université d'État d'Haïti. Le Texas Bible Institute (TBI) a offert des bourses d'études en Haïti pour la première fois en 2007. J'ai été la première personne qui a satisfait aux conditions requises pour aller étudier au Texas, ainsi qu'à Adler. Je suis allé au TBI par la foi. Mon père est décédé un mois après mon départ d'Haïti.

J'ai toujours été fidèle à Dieu. Durant l'été 2008, je suis allé à des congrès en Haïti, lors desquels beaucoup de personnes ont été converties. J'ai partagé l'évangile avec ma grand-mère. Elle a été convertie à 100 ans. Sept ans plus tard, elle est allée rejoindre le Seigneur. Il n'est pas trop tard d'accepter Jésus. Il n'est pas trop tôt non plus pour dire oui à Jésus, car j'ai accepté l'amour de Dieu à l'âge de 10 ans. Je suis resté fidèle à Dieu. J'ai bien réussi mes études à TBI où je suis devenu un leader dès ma deuxième année. Pour la première fois depuis l'existence de l'Institut, ils ont mis en place une charte de classe ainsi qu'un programme de troisième année dont j'ai eu la chance de faire partie. J'ai également été un leader pendant ma troisième année.

En 2010, un terrible tremblement de terre a frappé Haïti, et plusieurs milliers de personnes sont mortes, dont certains de mes amis proches et un frère du côté de mon père. Je suis resté fidèle à Dieu. Je me suis engagé de bonne foi dans une relation. Malheureusement, elle n'a pas bien fonctionné. Mais je ne me suis pas découragé. J'ai continué à avancer. J'ai fréquenté une grande église où l'on prêche la Parole de Dieu. J'ai été béni; c'est un honneur pour moi d'aider à enseigner aux jeunes de Word Alive Bible Church. Dieu m'a énormément utilisé pour inspirer les jeunes en Haïti, aux États-Unis et dans le monde entier à ne pas avoir honte de l'Évangile. Dieu a fait naître dans mon cœur l'idée d'écrire un livre sur la famille. Alors j'ai dit : «OUI, SEIGNEUR.» Votre culture, votre famille, votre ethnie, le pays où vous êtes né ne détermineront pas qui vous êtes vraiment. Ce n'est qu'en disant oui à Jésus que vous connaîtrez votre but dans la vie. Beaucoup de gens disent que le vodou fait partie de la culture haïtienne, mais depuis que je suis devenu un disciple du Christ, Jésus a changé ma culture. Ma nouvelle culture consiste à aimer mon Dieu, mes voisins comme je m'aime moi-même. Ma famille a la faveur de Dieu. Elle a été bénie. C'est pourquoi ce livre va voyager dans le monde entier pour bénir de nombreuses familles. Gloire à Dieu. Louons le Seigneur !

Peu importe ce que vous vivez en ce moment, ne vous découragez pas, ne perdez pas la foi. Voyez grand, car vous pouvez atteindre la grandeur. Gardez l'espoir. Ce n'est pas fini si ce n'est pas encore le cas. Découvrez votre but dans la vie. Vous devez savoir où vous étiez, où vous êtes et où vous allez. Gardez votre rêve en vie, soyez patient, persévérez, soyez exemplaire et soyez prêt à devenir plus sage. J'aime Dieu, je m'aime moi-même et je vous aime tous.

Si vous n'avez pas encore accepté Jésus comme votre SEIGNEUR et Sauveur, c'est le moment de le faire en lui disant «OUI» . Ne perdez pas votre temps. Ne remettez pas à demain ce que vous pouvez faire aujourd'hui. Ne refusez pas l'amour de Dieu. Le pire péché que vous puissiez commettre n'est pas l'adultère, le vol, le mensonge, mais le rejet de Jésus. Le paradis et l'enfer sont réels. Si tu entres au Ciel, l'enfer ne te manquera pas. Le bien est réel. Le mal l'est aussi. Si tu ne fais pas le bien, tu feras de mauvaises choses. La lumière et l'obscurité sont réelles. Si tu ne choisis pas d'être dans la lumière, tu seras dans l'obscurité. Dieu est réel. Satan existe aussi. Si tu choisis Satan, tu souffriras pour toujours en enfer avec lui. Mais je t'encourage à choisir Dieu afin d'avoir la vie éternelle.

Tous ont péché. Il n'y a pas d'exception. «Tous ont péché et sont privés de la gloire de Dieu.» (Romains 3:22)

LE PLAN DU SALUT

Voici une simple prière du salut. Elle est simple comme bonjour. Acceptez Jésus, croyez en Dieu, confessez de votre bouche que Jésus est votre SEIGNEUR et Sauveur.

SEIGNEUR Dieu,

J'ai besoin de Ton Fils Jésus-Christ comme mon Sauveur. Je veux T'obéir en acceptant Ton amour. J'accepte maintenant Ton Fils unique, Jésus-Christ.

Je sais que je suis un pécheur, que je mérite la mort. Pardonne-moi tous mes péchés. Entre dans mon cœur. Donne-moi la vie éternelle.

Change mon cœur. Fais de moi une nouvelle personne.

Sois l'auteur de ma foi. Merci pour ta grâce, merci pour ton amour, merci pour la vie éternelle.

Père, je te fais confiance. Au nom de Jésus-Christ. Amen !

À PROPOS DE L'AUTEUR

 Colbert Courtois est un avide lecteur et un père de famille dévoué. Il consacre ses journées à aider les autres de manière désintéressée, sous la direction du Seigneur.

Né à Grand-Goâve (Haïti), Colbert a fréquenté l'Institut Haïtiano-Américain. En tant que fondateur et directeur de Loving Heart for Haiti, lui et son équipe s'efforcent de réaliser une différence positive dans la vie des Haïtiens. Colbert est également cofondateur de MATE Tesol Haïti, cofondateur et président de l'English Study Center of Haiti. Par ailleurs, il est missionnaire international et enseignant auprès des jeunes de Word Alive Bible Church. Il est également un conférencier international spécialisé dans la motivation.

Protéger la famille est son premier livre.

Made in the USA
Columbia, SC
23 September 2024